國家級基金操盤手

選股教戰手冊

從基本面到大數據，暖神凱哥帶你避開投資魔障，
建立長線布局、短線飆股都適用的操作思維

暖神凱哥 黃豐凱 著

CONTENTS

推薦序　暖神凱哥守護愛人與財富的投資智慧／林華明　009
推薦序　資深股民和小白都能依循的經驗法則／儲祥生　015
序　言　授人以魚，不如授人以漁　019

Part I　我們曾經陷入的基本面迷思

第1章　「基本面決定股價」正確嗎？　035

1-1　影響股價的因素　035

- 股價不是好公司唯一的評斷標準　035
- 從股價波動時的高層反應，判斷公司好壞　037
- 面對挑戰，台積電的策略布局　038
- 默默扎根基本面，台達電成功轉型　040
- 基本面穩健，股價卻受大環境影響　042
- 巴菲特對台積電的投資策略　045
- 公司發展策略不同，投資價值也不同　048

1-2　多方檢視基本面　054

- 良好基本面的三大條件　054
- 發展跨領域產品，讓基本面更穩健　056
- 擁有創新能力，才能為基本面加分　059
- 電動車革命，裕隆與鴻海面臨挑戰　061

第2章 站在研究員的肩膀上 065

2-1 好公司不代表好股價 065
- 聽課程就能變成研究員？別鬧了！ 066
- 從報告裡看門道，素人也能變神人 067
- 有時候，股價上漲就是硬道理 069
- 台灣券商的結構性轉變 071
- 從報告中洞見趨勢，掌握先機 072
- 方法因人而異，理性檢視投資組合 074
- 別執著於個股過往的基本面表現 077
- 股價反彈卻鎖不住漲停，危機浮現 079

2-2 為什麼 0050 打不敗？ 082

第3章 磨練挑出好公司的眼光 085

3-1 好公司的願景 085
- 擁有執行力，是好公司的關鍵 086
- 先成為一方之霸，再躍入國際舞台 088

3-2 發掘隱形冠軍 092
- 隱形冠軍追求卓越，堅持不懈 093

CONTENTS

Part II 從實戰經驗中成長

第4章 回首投資來時路 101

4-1 慎防基本面利多大餅 101

- 掛牌蜜月期過後，才是真正的考驗 103
- 當心：基本面的過高期望拉抬股價 105

4-2 如何避免在股海中反覆上當 110

第5章 股海中的地雷與魔障 115

5-1 如何看出投資地雷 115

- 小心橫空出世的股票 117
- 別傻傻聽信名師的口號 118
- 發生爭議的公司，未必成為地雷股 123

5-2 如何辨識投資魔障 128

- 從籌碼面檢視股票是「神」是「鬼」 128
- 追高被套牢，才知遇上「魔神仔」 131
- 創新產品和訂單必有跡可循 132
- 不盡信公司說法，凡事保持懷疑 134

第6章 凱哥投資心法 137

6-1 本益比到底如何評估 137

6-2 如何精準掌握進出場時機？ 143

- 從經濟、產業結構觀察個股趨勢 144
- 找到正值大投資浪潮的產業 145
- 以股票「型態」架構，判斷進出場時機 159

第7章 市場實戰策略 163

7-1 掌握時機抓到飆股 163

- 把握機運華麗轉身，雷虎的飆股故事 163
- 後疫情時代注重保健，葡萄王成夯股 167

7-2 投資上的長短電網 170

- 穎崴與嘉澤的長短電網小故事 171

CONTENTS

Part III 研究員養成計畫

第8章 研究員成長之路 179

8-1 研究員的學經歷背景 179

- 本土與外資研究員是兩條平行線 181
- 研究員不看盤只寫基本面報告，行嗎？ 182
- 提前累積經驗，積極展現即戰力 184
- 深入閱讀活用要訣，少年股神稱號不遠 185

8-2 法人圈不能說的祕密 187

- 股市弊案造成劣幣驅逐良幣現象 187
- 投信業人才流失影響市場走向 189
- 台灣資本市場的育才、留才困境 191
- 資深經理人的其他出路與挑戰 194
- 法人圈的亂象 197

第9章 人人都有成為研究員的潛力 203

9-1 財報解析 203

● 解析財報準則：三率三升 203
● 致新、茂達及來頡的故事 207
● 解析財報準則：解構 EPS 來源 212

9-2 鎖定產業趨勢，找出潛力股 227

後 記 人會欺騙背叛，大數據會說實話 231

推薦序

暖神凱哥守護愛人與財富的投資智慧

林華明

因為扶輪社，我和黃豐凱夫婦結下緣分。同樣身為扶輪社友，我先認識豐凱（Kevin）的太太李宜蓁，對她熱愛戶外體育運動，印象很深刻。說來十分湊巧，Kevin 於 1997 年到 1998 年就讀逢甲大學碩士班，曾領過扶輪社獎學金，而全台灣受獎生分地區組成五個聯誼會，Kevin 自是其中一員，在我擔任扶輪社中華教育基金會秘書長時，北區受獎生聯誼會舉辦了菁英論壇，這才進一步接觸到他。

我跟 Kevin 參加「受獎學生回娘家暨菁英論壇」籌備會議，Kevin 談股市投資，我講創投，我們分享各自專業知識，

並且溝通演講內容、跟台下互動時間等細節。結束會議後，Kevin 的太太來找他，一打開會議室大門，我很是驚訝，原來那位熱愛運動、沉默寡言的女性扶輪社友宜蓁，與白皙斯文、能言善道的 Kevin，竟是一對夫妻。

回憶初次見到社友宜蓁，我留下很深刻的印象。那是一次扶輪社的聚會場合，記憶中，電梯門打開後，看見一位健美又清秀的女生，她有著略帶黝黑的膚色，全身散發陽光氣息。幾次的相處，了解到宜蓁喜歡運動，國際扶輪 3520 地區的自行車隊每年舉辦 1、200 人參與的環島行，約 9 到 10 天，全程約 1,100 公里，宜蓁總是不讓鬚眉，是個很厲害的車友。

宜蓁騎自行車之外，還練三鐵（三項全能、鐵人三項的簡稱），不過，她不愛講話，每回團體拍照都站在外圍邊上，個性很沉穩。我記得扶輪社員曾組成一支環島自行車隊，行前，車隊安排練習，宜蓁帶女兒來，小女生個子很小，騎了部小車，不肯服輸，一路上常常騎在我們隊伍前面，至今畫面依舊鮮明，彷如昨日。後來得知他們女兒跟著媽媽練三鐵，也養成熱愛運動的習性，還參加台東的鐵人三項比賽，真是有其母必有其女。

Kevin 過去工作忙碌，無暇參加扶輪社活動，而太太宜蓁則很積極參與，還曾擔任台北龍欣扶輪社分區社長。遺憾的是，當上社長後，發現罹患癌症，雖然社友們希望宜蓁好好休養，不必花心力管理社務，但她仍堅持有生之年就該當好社長職務，這樣的精神雖激勵人心，卻也讓我們深感不捨。

那時候，Kevin 陪著太太出席扶輪社例會、也接受化療，即使化療期間有掉髮及各種不適症狀，她卻依然充滿生命力，堅持戴著帽子外出，參加扶輪社的社務。宜蓁生病後，原來在太陽底下曬得黝黑的皮膚，漸漸變白，酷愛運動的身體，因吃藥產生副作用，略見發福，外形不再精瘦堅實，這段日子裡，她和 Kevin 的外表越來越像，更有夫妻臉。但凡看到 Kevin 照顧太太的樣子，都能感受到他對妻子用情至深，身邊的親朋好友都是見證人。他對妻子的好，用鶼鰈情深這

句話形容，一點都不為過。我更受 Kevin 的影響，學習陪伴另一半，彌補人生前半段因忙碌疏忽太太及家庭的缺憾。

宜蓁上任社長之際，電視界名製作人阮虔芷正好是當屆扶輪社總監。阮虔芷蒐集 6、70 位社長的人生故事，找編劇串連幾段特別感人的內容，寫成四幕話劇，戲名為《年輪交錯的黃金歲月》，由沒有演戲經驗的扶輪社各區社長擔任演員。其中有一幕描寫宜蓁的故事，原本設定由宜蓁本人出演，她也參與過排練，此幕戲主題講述的是生命有限，即使到人生最後階段，都要散發生命餘熱。

舞台劇於 2020 年 8 月 27 日正式演出，宜蓁當時病情加劇，被迫躺在醫院病床，無法上台，不得不換上其他人扮演坐在輪椅上的宜蓁，舞台劇壓軸場景是輪椅背後站著一排身著白袍的醫護人員，畫面甚是感人，令人此生難忘。

宜蓁有 Kevin 的支持，身為癌症末期病人，依舊參加排練及彩排，雖未完成正式演出，卻也活得精彩、不留遺憾！

我曾在臉書上記載觀看舞台劇的心情，當時仍在新冠疫情期間，我戴著口罩看戲，分不清是呼吸的水氣還是眼淚交織，讓我的口罩濕了一大半，「只有用真實人生故事，才能撞擊別人心中最柔軟的部分……，善待每一個遇見的人，因為你不知道他們的生命故事有多麼精彩 。」

太太去世後，Kevin 才加入扶輪社。Kevin 曾以碩士班研究生身分領過扶輪社基金會獎學金，每一次見到執行基金會事務的我，都會很親密地喊「Uncle Venture」。我多次跟他提過，與他的關係已成為兄弟般的社友，不需再叫叔叔，但以 Kevin 惜情重義的性格，要他改口，恐怕不是件容易的事。

同為扶輪社基金會獎學金受獎生，Kevin 的後輩學弟妹常常喊他為「暖男凱哥」，在我的心目中，他確實是個不折不扣的暖男。除了將我視為永遠的長輩，Kevin 也不吝於提攜後進，經常回應學弟妹的需要，甚至還延續太太生前的善念，以太太之名成立獎學金，幫助新北市的小孩，「待人溫暖」就是他的個人特色。

Kevin在投資圈耕耘甚深，與我的創投領域，稍有不同。有意思的是，初接觸Kevin時，感覺他的話不多，也不會在扶輪社聚會中主動提到股市投資議題，但只要一開口談到自創的獨家投資心法，或者分析財經情勢，便可以如江海般滔滔不絕，展現十足的專業自信。我很確定一件事，就是Kevin以多年的實戰經驗與獨到見解，精煉濃縮成這本教戰手冊般的書，讀者應能從中汲取珍貴的養分，並作為未來投資股票的指引。

（本文作者為國際扶輪3522地區前總監、艾福管理顧問股份有限公司董事長。）

推薦序

資深股民和小白都能依循的經驗法則

儲祥生

黃豐凱是我在德信投信任職時的下屬，印象中他十分聰明，對市場很有獨到見解。他將期貨操作技術，融入長期而深厚的基本面研究心得，再輔以 AI 大數據資料，形成一套獨特的分析邏輯。他在很多公開場合都曾慷慨分享，如今將其彙整成冊，新書闡述了自己的投資觀點與多年經過實證的操作方法，以豐凱的功力，相信可以透過這本書，幫助投資人在股市賺到錢。

雖然台股長線走多，大盤指數越墊越高，但對大多數人來說，股票投資不易，股海打滾風險很高。超過 85%的投資人以虧損收場，人人都想成為那 15%的贏家，可惜天常不從

人願，賠錢的人居多。若有這本專為股票投資而寫的教戰手冊，或許能讓人藉著研讀此書，從中抓到訣竅，獲得較佳的股票投資報酬。

聰明的人可以靠自我學習，但大部分投資人還是需要參考前人或成功者的投資經驗，有跡可循，才得以領悟箇中道理。而各人經驗及條件不同，未必每一個都適合複製，投資人最應該做的功課是，努力多聽、多看，最重要的是從中找到一種適合自己的投資方法。

隨著時代潮流及科技演進，產業面貌瞬息萬變，老實說，很難真的全面了解。投資人也許永遠無法跟進基本面變化，譬如股市電子產業中的 IC 設計、半導體，有時候就連我自己都得花費很大力氣，才能通盤掌握脈動，遑論沒有研究員底子的一般人。通常股價走在整體基本面之前，如果有一套追蹤股價技術面或籌碼面的方式，讓投資人遵循之外，還能運用出心得，相信未來一定有機會靠這套方法賺錢。

雖說基本面不好懂，但就像照顧花草需要澆水、修剪，家裡才得見茂盛繁華的花園。一樣的道理，如果投資股市的金額較龐大，就要強迫自己多少了解產業變化。豐凱在書裡建議投資人找名門正派的投顧、券商等法人研究報告來看，這是個很中肯的意見，如果你投資比較多的部位在某些個股，當然要花心思深入研究。

豐凱在書中還指出投資個股其一重點是觀察公司經營者。我也認同此觀點，因為好的經營者可以帶你上天堂，不敬業的經營者會讓你住套房。好的公司每一年都能交出好的經營績效，在大環境不好的情況之下，或面臨股價修正時，當然要選擇投資好公司了。

好公司股價漲幅未必像飆股那麼多，但投資講求風險報酬率的概念，基本面佳的好公司風險並不大，投資人一定可從中賺到一定報酬，這是投資股票時很重要的概念。書中提到部分經營穩健的公司可能一時遇到短暫危機，關鍵是，好的經營者會讓危機變成轉機，好的經營者不會放任自己的公司經營狀況及股價維持在低檔。

這本書實用性極高，不論是有志加入投資行列的小白或縱橫股海多年的資深股民，應該多少都能在書中各自找到適合自己，且能啟發觀念、提升投資功力的指南。

（本文作者為華南永昌投顧董事長。）

序言

授人以魚，不如授人以漁

這本股票教戰之書，雖不敢自誇「前無古人、後無來者」，卻是敝人過去在市場投資圈累積的親身經驗與 know-how，放眼基金投資圈，應鮮少有人出版這樣的教戰手冊。

這幾年我陸續開課教投資，也常演講，苦口婆心地傳達投資理念，但很多人都只想立刻問到明牌、求得股票代碼，寧可付出昂貴的投顧會員費用，有時甚至被誆騙，也不願好好學習真正的投資心法，實在可惜。

投資學本是一門專業學科，需要花一點時間累積，我自己從證券研究員到股票操作，再進而學習期貨操作，經此過程，慢慢累積成為個人獨有的「投資觀」。對於人生所向，有人選擇找算命師父「摸骨論命」；對於投資，其實也能「摸股論勢」，只要掌握要訣勤勞學習，預測個股未來走勢，並非不可能。希望本書內容能對讀者有所啟發，未來也有機會成為能夠摸股論勢的投資人。

我曾應邀到證券商全台各大分點為營業員及客戶解析個股，從個人角度來看，此舉恰似「個股導讀」，即從累積多年形成的投資觀點，論斷一檔個股，這是學習投資較為直接的方式，而其缺點是過於片斷，沒能從大環境去分析。不過，從現實面來看，在現今的台股市場裡，只求個股漲跌，也是可被接受的。

投資有很多面向，不純然只看個股，就像一個小孩長不高，有其父母親遺傳的先天因素影響，也如同作物需要有肥沃土地，才有辦法生長。前些年新冠疫情流行期間，觀光、旅遊、航空一片慘狀，這無關公司體質，只是大環境不佳所致。

分析個股行情可以從諸多角度切入，除了上述「大環境」以外，公司的先天架構也很重要。公司經營管理績效也有良莠之分，公司成長軌道究竟是稍微偏頗，還是離正道很遠？略微走偏時，稍微矯正便能回復成長，若離正軌太遠，可能從此一蹶不振。例如先前的大同公司，公司派並未認真經營，高層管理者只想運用資源來謀取個人利益，股價表現就大受影響。

除上述切入觀點，分析個股也要注意主力大戶持股變動、是否長期持有，並從中判斷個股多空立足點，這本書裡有許多篇幅著墨於此，更是書中的重點之一。「與其給魚，不如教人釣魚」，如果書中內容能讓讀者具有掌握個股起漲點的能力，或是判斷個股是短線飆漲、還是中期或長期行情的預測力，那麼出版這本書就格外有意義。

出版本書的日程略微延遲，不免留下一些遺憾。書裡章節中提到巨大、美利達面臨史上最大庫存的問題，新冠疫情造成兩家公司存貨大增，短期視之，看似嚴重，可是並非無法解決。因此，兩檔個股反應利空時，便該有不同於市場一般人的思考，即應可等待巨大、美利達站上低檔位置，也許

此處正是多頭趨勢的開始。撰寫此書時，正是兩檔自行車股醞釀翻漲的時刻，可惜本書出版上市時，巨大、美利達遇到以阿戰爭再度回到此低檔價位。

走過的路，都是成就的養分

我投入市場多年，迄今有成，必須感謝許多人。我從工科轉到管理學院，再入職場，碰到首位貴人為富邦投顧總經理程定國。程總當時擔任亞洲證券研究部主管，錄用毫無經驗的我，我能從事證券投資這一行，全拜他之賜。若無此機遇，我很可能會從事房地產投資買賣工作，畢竟研究所念的是都市計畫專業，學以致用進入相關行業，也是理所當然的職業發展。

因為有機會在亞洲證券當研究員，累積不少基本面的知識與研究技能。我印象最深刻的是，頂頭上司「阿國哥」常要求部門新進同事不要看股票行情，這種作法用心良苦，能讓旗下研究員專心產業調研，卻也可能限制部分研究員於基金投資行業的生涯發展。很多研究員信奉此原則，以致於空有一身產業知識，卻沒有股價敏感度。若想轉型為操盤人，必定要另外花費時間學習，重點是市場股價經常提前反應基本面，股價型態及趨勢與產業發展息息相關，研究員本職學能當然是鑽研產業，但若能讀懂股價變化，當可成為更優秀的操盤人。

在亞洲證券之後，我到德信投信公司工作，直屬主管是現任華南永昌證券投顧董事長儲祥生，我在那裡慢慢累積對股票的認知，但自覺仍然不夠，最後選擇離開德信投信則與宏達電這檔昔日股后很有關係。我在德信時，太早看到趨勢而重押宏達電，而且部位全都買滿，當時宏達電每股價位不到 100 元，可惜還沒抱著等宏達電大漲，我自己就受不了而離職。

而從投信業進到產業界，最大的感受是產業界脈動沒有資本市場來得快，在這個職涯階段，我跟一些上市櫃發言人、

財務長成為好朋友，之後辭去上櫃公司發言人職務，再回到投資圈，又從研究人員做起。此時，我對資本市場有不同的領悟，應該到了「看山是山」的階段，操作敏感度比以前好，但無可諱言地，仍在摸索中。

離開產業界後，再回資本市場，落腳凱基投信，遇見總經理周雷，他算是國內投信第一代基金經理人，當年頗有盛名，號稱為基金界四大天王之一。周總信奉「Buy & Hold」操作理念，當時我認為股票市場除此之外，還要 trading，其實，股票最重要的是買對，不怕買貴，當然，如果買在好的、對的時間，比買到貴的、錯的時間，相對要好很多。

在凱基投信之後，我被延攬回華南永昌投信公司任職研究部主管。走過的路都不枉然，待過上櫃公司確實更能掌握產業發展方向，讓我更具能力帶領研究團隊並培養一些優秀研究員。此際，我的操盤績效比先前好很多，過去的我不管時勢，以為看對產業就要重押，後來的我較能審酌時勢，不會過早進場買股，績效自然提升。

接著我跳槽到日盛投信公司負責代操政府基金，此階段的我經常思考一件事，有一些操作政府基金的經理人都不看盤卻有好績效，理由為何？

那時，我並不知道代操政府基金的經理人、負責政府基金管理的公務員居然涉與股市作手聯合炒作，以人為操縱股價，保其績效表現良好。因為身處「炒作圈外」令我突發奇想，報名上期貨操作課程，只為精進自己的操盤功力。

學成之後，我將期貨操作方法應用在股票市場，才有以「均價」邏輯來判斷個股多空走勢，這個邏輯在台灣投資圈應該是首創，也算是一方之獨學。

融會貫通，絕無僅有的投資邏輯

個人很自豪能創出這個邏輯方法。到現在為止，在授課的學生中能完全領會整套邏輯的人不多。學生們或許了解型態、均價的概念，可惜沒有產業的研究背景，要想精通，並不容易，需要配合天時、地利及人和，再加上型態、均價，整個連結起來，才能了解全套邏輯。不過，對一般比較缺乏總經、產業觀點的人來說，從籌碼型態、架構去判斷，還是夠用的。這也是為什麼我想出版本書的原因。

坊間關於產業的書不少，但產業有波段循環，說不準任何一波的好光景能持續多久，有限的生命中還能否見到每一波亮麗的景氣高峰表現。正由於股市裡的型態多空經常出現，這本書提到的投資心法，不致失掉時效。

資本市場常會對應到型態多空，前面提到巨大、美利達大波段行情並不容易出現。不過，倒是可以從另種觀點來看巨大、美利達的波段行情。一般而言，個股的基本面若出現財務上的重大損失，股價不免遭受重擊，所幸巨大和美利達公司體質不錯，股價被打下去後，其實就該判斷轉折位置。

我們以均價、籌碼型態邏輯開發 XQ 凱哥雷達、關鍵黃金 K 兩套軟體，應用在選股投資實戰，有助判斷個股股價轉折時間。近年有個實例——華星光（4979），這檔股票在2023年5月左右出現重要轉折價位45.3元，我跟學生們強調站上此轉折點，股價會有所表現，不到兩個月，股價便直往上衝突破百元，如果在轉折點買進，報酬翻倍。以這一套邏輯判斷個股多空架構，能不能讓獲利翻兩番？答案是絕對可以，過去選入的高端（6547）、台亞（2340），也是倍數獲利的案例。

我離開國內投信圈前的東家日盛投信，讓我負責政府基金代操業務，但我在此任職的最後階段，心情有些變化，也萌生念想，希望教大家正確的投資觀，以及正確投資方法，於是，2013年決定自立門戶，為的就是要完成自己想做的事。

回顧過往在證券及投信公司的日子、曾跟隨過的主管，我都心存感激，也從他們身上學到不少東西。

像是被我們稱為「阿國哥」的程總，擅長操作景氣循環股。他洞悉產業特性，尤其每一波航運股景氣翻揚，都能預先掌握，他很聰明地靜待每一波景氣循環的低谷才下手買股，每次都能獲取好幾倍的報酬。但此方式不適合於時時檢討操作績效的投信公司。同樣地，在市場震盪之時，Buy & Hold 操作原則也無法奏效。

另位帶過我的長官前日盛投信總經理張達文偏好價值型投資法，此法可能買到價位較高的個股，卻不容易選錯股，不買錯股可以避免基金績效大幅下跌的風險。投信圈最怕踩到地雷股，不踩雷就能求得安穩。除了價值投資，剩下的資金部位拿來 trading，如此配置的基金績效可能不會很好，卻也不致太差。

我記得曾經將代操基金持股與投信買賣超個股互做比對，也一併比對大戶買賣超個股，當時我還沒開發出以大數據做基礎的操盤軟體，我以人工方式整理比對，發現只要買進的個股遭逢投信法人及大戶接連賣超，這檔個股就不能再加碼；若是持股也有投信、主力大戶一起買進，或可視為搭上市場熱潮，與投信、主力同享股價上漲的贏局成果。

也有一種情況是投信法人買超個股，主力卻賣超，此際要以型態強弱判斷個股走向。在日盛投信工作期間，我尚未納入均價概念，任職後期，到元大期貨投顧公司上課，從此才突破自我限制，脫離僵固的產業研究員思維。

身為基金經理人上期貨課程，確實是少見之事。我並非要轉做期貨，而是要將期貨技術操作觀念融入股票投資，就像學武之人，師學其他門派功夫，融會貫通後，另創新門派。

早期大數據不流行，大家不會想到運用大數據投資。如今可能有人會問，AI 會不會取代大數據投資？我認為不會。AI 只能判斷型態的多空，沒有產業的概念，我們的這一套選股投資邏輯並不會被取代。

不過，這套選股投資邏輯仍會受制全球政經環境的變化，例如我們曾經從產業面及均價、籌碼型態挑選易華電（6552），這家公司本來拿到華為不少訂單，大有可為，卻因為美國抵制華為產品，即使價量及籌碼都很理想，也不敵大環境利空，股價下跌。本書第一章探討基本面是否決定股價，就是想提醒投資人必須注意國際情勢變化，尤其近幾年美中大國競爭賽局裡，即使是台灣的護國神山台積電，都無法置身事外。國際社會發生的大事，很可能就是影響股價的因素，更是難以預測的重大變數。

最後，謹以本書紀念我的太太，她對我極好，甚至連生命最後一刻，都還在為我著想。多年從事市場研究領域工作的我，每個股市開盤交易日傍晚都會寫投資日報，在醫院陪病的那一段日子，也一樣在老婆病榻前完成這項例行公事。太太在世的最後一個晚上，我在病房傍著她，在寫好投資日報後不久，她便離世。那一刻，時鐘定格，晚上 20:25 分（愛你愛我），我永生懷念且摯愛的人與世長辭。

MEMO

Part I

我們曾經陷入的基本面迷思

第 1 章　「基本面決定股價」正確嗎？

第 2 章　站在研究員的肩膀上

第 3 章　磨練挑出好公司的眼光

第 1 章

「基本面決定股價」正確嗎？

1-1 影響股價的因素

談論一家公司的基本面好壞，是來自主觀的判斷。台灣前 50 大市值的公司，你能很有自信地告訴我，有幾家是好公司嗎？還是不太確定，不敢論斷？

其實，上面問題的答案有點複雜，連我都不是很有把握，若從兩個面向來看，我想台積電（2330）、台達電（2308）應該能確定列入好公司名單。

股價不是好公司唯一的評斷標準

為什麼他們是好的公司呢？**首先，他們追求的目標很明**

確。台積電是半導體產業的先驅者，在全世界的晶圓代工領域做到最大、最好，市占率已達五成；台達電做電源供應器起家，後來卻盡心竭力發展綠能，全球前 10 大的電動車廠都和他們合作，可見台達電在此領域布局之深。

其次，這兩家公司經營高層不會隨便提到公司基本面及股價。我們從來沒在市場上聽過台積電、台達電公司炒作股票的傳言，也鮮少聽到台積電前董事長張忠謀或台達電董事長海英俊，主動找媒體談公司基本面。比較多的資訊是他們出席某個會議、論壇或其他公開活動場合，講述公司在產業的布局。

明確地說，一家好公司的「好」是不涉及股價的，而是規規矩矩經營自己的本業。換個角度來看，當主事者常常覺得股價委屈，這就不會是間好公司。

在資本市場裡審視一家公司，股價某種程度也代表這家公司對資本市場的投放，但經營者不會也不能直接講出對自己公司股價的看法。市場股價是公司經營的其中一個面向，公司的經營良窳，不應該純粹只用股價來評斷。

從股價波動時的高層反應，判斷公司好壞

好公司的股價不見得要大漲，同樣地，股價大跌也不代表一家公司的「好」就會變質。有時候股價跌得很深，好公司會用實際行動告訴市場，他們在乎自己公司在資本市場的表現，不會棄股東於不顧。

2022 年 1 月，台積電股價氣勢如虹，攻上頂端，創下 688 元高價。而後一路跌，至 10 月跌破 400 元，市值跌破新台幣 10 兆元。就在各方看淡台積電營運及股價之際，公司透過股市觀測站公告重大訊息，總裁魏哲家 10 月質押（註：以股票作為抵押品，向金融機構借款的一種手段）設定名下台積電持股 1,600 張。他在 10 月、11 月連續各買進 200 張台積電持股後，持股超過 6,279 張。

2022 年 12 月，台積電也公布部分副總買進自家股票。魏哲家及台積電高階主管也許不是買在股價最低點，卻是在相對低點。他們買入自家股票的意義不凡，畢竟是他們在經營這家公司，最了解營運狀況及產業變化。

面對挑戰，台積電的策略布局

不過，我認為台積電最大的風險在兩岸關係緊繃、台海危機四伏。除了中國、台灣之外，日本、美國及澳洲都牽扯進亞太地緣政治的緊張局勢。

台積電是世界最大的晶圓代工廠，一個小島國居然擁有如此價值不斐的珍寶，在大國競爭賽局裡，台灣坐擁「護國神山」台積電，反而像是原罪。美國與中國都覬覦台灣島上發展出來的珍寶，企圖搶奪。美國強壓中國，對中國設了半導體禁令。台積電在兩岸三地（台灣、中國及美國）都有布局，其策略為選擇到美國設置高階製程廠，在中國建設低階製程廠，最高階的製程則留在台灣。

從美國立場來看，如上的布局策略並不合理。台積電使用的是美國製程、Know-how，為何將最高階的半導體晶圓製程放在台灣呢？在台積電的策略裡，設置於中國大陸的晶圓製程技術，只晚美國一步。美國緊掐住中國半導體產業的脖子，就是擔心中國隨時可以追上美國。

2022 年 11 月，美國總統拜登（Joe Biden）與中國最高領導人習近平利用 G20 峰會場合，進行中美高峰會。兩方行禮如儀，統一口徑說要避免衝突，其實在半導體產業發展的協議，雙方不說破的默契是：台積電修改了原先在美國設置 5 奈米廠的計畫，改成 3 奈米製程的晶圓廠，中國則是 7 奈米廠；中國在晶圓製程技術整整落後美國兩個世代，這樣的結果，讓美國鬆了一口氣，至少在重要的晶片產業，中國短時間內不會超越美國。

台積電在全世界的布局及技術規畫非常到位，除了中、美之外，也布局日本和歐洲，還繼續邁向更高階製程。而台灣更將發展 2 奈米以上製程。

台積電可說是好公司的典範案例。

一間公司的老闆應該要看重自己的本業，不斷地往前走，好的管理階層不能過於在意股價。老實說，「股價」與老闆無關，更不應該由一人或管理階層來決定。

某位以蘋果手機代工出名的公司董事長說過，他們公司的股價很委屈。當他講完之後，公司股價一路往下走，跌破百元關卡。外資券商曾給予這家公司買進的正面評等，目標價上看 200 元，但公司老闆的言論反而惹來麻煩，導致股價下跌，等於市場對主事者及公司投下不信任票。這也表明，投資人對該公司的期待——老闆的目光應放在本業而非股價上面。

默默扎根基本面，台達電成功轉型

台達電一向很低調，但在綠能領域的布局卻很令人驚艷。其實很多人不知道，蘋果公司 iPhone 手機裡的扼流器

（Power Choke），幾乎都是台達電製造。扼流器屬於被動元件中的一種，最主要的功能就是儲存電流與過濾電流。國巨集團旗下的奇力新公司專長生產扼流器，但蘋果就是指定由台達電供應。這代表台達電在此領域耕耘更久，扎根更深，產品性能更受國外大廠肯定。

如今台達電成功轉型邁入綠能領域，除了綠建築之外，還做了很多跟充電樁有關的生意。台達電對外明確表示，未來幾年綠能領域將對公司營運獲利有巨大的貢獻。投資人需要用心觀察的是，談到這些基本面的發展藍圖時，公司高層主管完全不會扯到股價，但綠能題材的自然發酵，讓市場肯定台達電的轉型成效，股價頻創波段新高。即使 2022 年下半年開始，台股大盤指數隨著美股或其他大環境不利因素向下滑落重要關卡，唯獨台達電這類的好公司股價有所支撐，不易暴跌。

2020 年下半年開始，台達電股價站上每股 200 元，自此到 2022 年年底，一直維持在此價位之上；2022 年第二季開

始，因美國點燃各國暴力升息火花，部分股市資金流動到高收益債等其他金融商品，導致全球股市表現不佳。但是台達電 2022 年全年股價區間，依舊維持在 221 元至 300 元之間，股價相對穩定。

基本面穩健，股價卻受大環境影響

跟台達電相比，台積電在 2022 年的股價表現並不佳，從每股 688 元高價下探 400 元以下，表現似乎不夠有力。但撇開兩岸關係緊張和中美國力競爭因素，台積電的基本面非常穩健，不應該出現 2022 年下半年股價受挫的情況，有機會反彈回漲。台積電本來能在中美兩大國各有發展，爭取兩國半導體產業大餅，只是美方壓制中國擁有半導體先進製程技術。如今台積電無法享有「中美共榮」紅利，僅能單押一邊，缺少了中國的大部分生意，多少影響到基本面獲利。台積電的股價不能回到原先不斷創高的多頭格局，跟大環境變化有關。

持平而論，台積電基本面有因美中競爭而變得很差嗎？答案肯定是「沒有」。但形勢比人強，只要美、中、台關係未見好轉和諧，台積電營運面籠罩的烏雲就無法散去。看看 2022 年的台積電就知道，好公司有時似乎不見得能有好的股價表現。

如果從狹隘的定義來看，基本面指的是一家公司的客戶、訂單、獲利及未來發展方向等等，那台積電在這些層面表現非常優秀。但在這個變動不安的時代下，一家公司的發展基本面，很難不受當下的經濟大環境左右。國家的總體經濟與國內外政治結構息息相關，經濟背後總有強烈的政治意圖引導市場，政治經濟學已成近來不得不重視的顯學。

當台積電成為世界重要的半導體公司，已大到不能再大而必須布局全球版圖，中美衝突必定會對其造成巨大影響。2022 年，台積電雖擁有穩健基本面卻無法有好股價，就是因為規模太大，不得不被國際政經情勢牽引。

台達電有沒有可能面臨如同台積電般的處境呢？從台達電目前轉型的方向來看，全球政經情勢尚未成為公司策略布局的關鍵變數。不同於半導體晶片涉及國力發展，綠能無關國家之間的競爭，因此政治議題不太會影響台達電。

2022 年，我常遇到投資人提問：「凱哥，你覺得台積電不好嗎？」對此，我通常會先回覆一句話：「問題不能這樣問。」

投資人關心的角度跟一國元首不同，總統蔡英文、中國領導人習近平及美國總統拜登以國家利益為出發點。在他們眼裡，台積電不純然只是一家普通的大型公司，而是國家發展全球戰略時重要的一步棋，因此台積電的股價漲跌已經跳脫一般投資人的認知。

更有意思的一件事是，股神巴菲特（Warren Buffett）於 2022 年下半年進場大買台積電在美國發行的存託憑證（ADR）。根據他領導的波克夏．海瑟威公司（Berkshire

Hathaway）公告的第三季持股報告，波克夏斥資41.2億美元，買進約6,000萬股台積電存託憑證，台積電成為波克夏第十大持股部位。

巴菲特對台積電的投資策略

巴菲特過往並不會投資科技股，為何此時大買台積電？

首先，2022年下半年的台積電，股價跌夠深，已近底部；其次，巴菲特一定知道台積電終究會在美國設置3奈米高階製程的晶圓廠，而且台積電應該早就跟州政府，甚至美國白宮談好條件，不會是臨時轉彎的決定。台積電設廠美國的發展，最後以此局面收場，即使中國不樂見，也只能勉強接受，台積電更順勢略微修改原先在美設5奈米製程晶圓廠的計畫。這不是波克夏的獨到分析，不少主動型基金經理人也料到這樣的結果，並選擇在2022年下半年逢低入市投資台積電，知名的老虎基金（Tiger Fund）就是一例。

同時，選擇賣台積電的是主權基金，像沙烏地阿拉伯主權基金（Public Investment Fund）、挪威主權基金（Government Pension Fund of Norway）。當然，也有台灣的壽險業者站在賣方，因為他們被防疫保單理賠金拖累，公司獲利銳減，甚至面臨虧損及淨值為負的危機。台積電是壽險業獲利最多的個股，出脫台積電，不致牽動持股布局，而且可以立即拿到現金彌補財務虧缺。

2022 年 12 月 29 日，台積電以 446 元作收，台灣的財經媒體下了一個有趣的標題：「台積電跌破巴菲特防線」。巴菲特及主動基金在 2022 年下半年接手台積電，推估其進場成本在 500 元上下，就當時的短線價位來看，的確是還沒開始獲利。不過，巴菲特以價值型投資哲學取勝，一生投資獲利可觀，獲得國際著名股神認證，以 2022 年下半年時點來看，每股 500 元以下的台積電真的是超跌。

一檔個股若從廣義的基本面定義來看，都沒有什麼大問題，之後便要回歸到市場比較熟悉的一般指標，衡量個股基本面的表現，也就是「狹隘基本面」。

尤其2022年下半年開始，全球科技業遭逢調整庫存壓力，產業景氣趨緩，這是以台積電為首的科技公司不得不面對的難題。但是，台積電顯然在各強國之間拉扯矛盾的國家競爭問題上，找出因應之道。大的基本面變數解決後，一旦產品庫存消化完畢，科技業景氣循環可望脫離谷底，台積電仍有長期投資價值。

大型投資機構長期投資「好的公司」，看重的是未來營運發展，因為短期各種變數都將過去。股價走勢有高有低，總有起伏，投資人需要注意把握的是，公司長期發展是否一如大家研判及預期。

當台積電在中美強權競爭縫隙中求取存活之道，英特爾（Intel Corporation）晶圓代工部門的主管卻離職，三星（Samsung Electronics）也停留在3奈米製程，台積電仍然遙遙領先同業。即使受累於中美晶片戰爭，造成台積電短期經

歷痛苦且困難的營運決策，進而挫低股價，但不影響公司未來的成長。

台灣另外一家晶圓代工廠聯電（2303），目前並沒有成為美中晶片戰下的棋子。或許正積極發展半導體產業的中國大陸，仍需要聯電的製程技術，但聯電更高階的製程技術還是落後台積電一大截，因此未感受到美方「過多的關注」。

 公司發展策略不同，投資價值也不同

聯電與台積電集團的營運發展策略南轅北轍。台積電往下扎根，研發新技術；聯電則是開枝散葉，孕育出不少有實力的公司。但轉投資的金雞如 IC 設計大廠聯發科（2354），早已自立門戶且形成企業集團，與當初投資者聯電做了明顯的切割。聯發科十大股東名單見不到聯電，甚至也找台積電投片（註：投片指將設計好的 IC 交由工廠生產），不見得只和聯電往來做生意。

因此，近幾年來台灣股市的「聯家軍」指的是聯陽（3014）、聯詠（3034），並不包括聯發科。

聯發科的基本面故事也值得一提。

如今的聯發科介入電視晶片、筆記型電腦晶片，2022年，HP 出產一款 Chromebook，其中的主晶片就是由聯發科製造。發展多面向產品，聯發科公司整體營收會成長，但與原本聚焦於手機晶片的營運策略全然不同，市場對其投資價值也會重新評估。

聯發科董事長蔡明介起初設立的聯發科，以研發技術著稱，甚至因此讓全球手機通訊晶片大廠高通（Qualcomm）的龍頭地位備受威脅。剛崛起的那些年，地位堪稱 IC 設計領域的台積電；如今，營運走向多元產品，更轉投資小雞。這樣的營運走向，與當年轉投資聯發科的聯電很像，旗下轉投資公司將會掛牌，雖然可能享有轉投資公司資本利得，賺得機會財，但投資價值卻不復當年。

我在這裡做個假設：倘若蔡明介淡出聯發科，不再擔任董事長，也不過問公司發展策略，市場可能會再向下修正聯發科的投資價值。或許提出以下的比喻，投資人會更了解深耕基本面研發與技術的重要。我認為，沒有蔡明介首重研發精神的聯發科，就如同沒有張忠謀精神的台積電，市場除了下修本益比，投資價值也會隨之減損。

股市投資人經常聽到「基本面決定股價」這句話，若從上述的台積電、台達電、聯電、聯發科的發展故事來看，的確沒錯，但也不全然正確。有時候一家公司賺的是景氣財，股價短期也有表現，但基本面並不扎實；最好的情況是，基本面厚實的公司又搭上景氣列車，此時股價就會飆漲、一飛沖天。

這個世界政經情勢詭譎，變化多端，投資人不能完全用「基本面決定股價」來論述一檔個股的漲跌，或是當作投資個股的依據。例如台積電公司發展策略受世界強權左右，其獲利雖仍穩健、研發製造技術全球第一，但亮麗基本面表現還是有多空不同力道拉扯，不利股價表現。

台積電最大的利空是兩岸關係緊張，中國以強大武力威脅台灣。台積電於 2022 年股價受挫，大幅偏離基本面，主要卡在投資台灣潛藏著未知的「國家風險」。短期來看，2022 年投資台積電的股息收益率不及 10 年期公債，賣出台積電是短線投資的正常作法，空方力道自然也會摜壓股價，令 2022 年的台積電屢屢跌破 400 元關卡。不過，重視基本面的巴菲特於 2022 年下半年投資台積電股票，是多方重要的訊號，有效抵擋空方對台積電的賣壓，也恢復多方信心。

世人皆知巴菲特一生堅持的操作邏輯，就是長期投資價值型股票，例如可口可樂（Coca-Cola）與吉列（Gillette）兩家公司，能入列波克夏投資組合的重要個股名單，就是根植於兩檔個股基本面穩健成長。台積電列入波克夏公司前 10 大持股，也是因為基本面，全世界有 51%的晶片是由台積電代工生產，更是未來世界不可能消失的晶片製造商，台積電長期基本面的價值無可取代。可惜由於台海局勢，巴菲特最終只選擇短期操作台積電。

2022 年下半年投資台積電的股息收益率不到 3.5%，近幾年罕見。數字雖低，但我們崇仰的股神總是會在相對低點買進股票，而巴菲特買進台積電，便是預告台積電走出谷底，2023 年收益率會逐步上升（註：巴菲特 2022 年第四季減碼 86% 台積電，2023 年第一季出清全部股票）。

暖｜神｜凱｜哥｜小｜學｜堂

投資股票時，應該看本益比還是殖利率？

初入門的投資人一定常聽到市場提到：某檔個股的本益比太高或太低，投資高本益比的個股相對風險高。但是像教科書一般的市場定律，能夠一體適用於所有類型的股票嗎？

一般說來，像台積電這樣有基本面支撐的大型股，投資時應該重視收益率，也就是殖利率。很少有人在意本益比數字；只有中小型股，才會以本益比作為衡量股價的重要依據。

其實，「本益比」起伏較大，一檔個股的獲利好、壞，以及本益比 10 倍、15 倍、20 倍，數字可能來自人為的操控，以此數據判斷個股股價，相對不科學，也可能不夠理性。不過，「股息收益率」是白紙黑字，不太會變動。投資人想要存股，應該從股息收益率判斷個股是否值得買進，而非執著在本益比表現。用本益比做依據，可能會賺了股息、賠了股價。

1-2 多方檢視基本面

良好基本面的三大條件

總而言之，依從「基本面決定股價」的投資原則之前，務必深入檢視個股是否具備良好基本面。**個股要有好的基本面，至少應符合三項條件：**

一、個股所屬產業景氣循環走勢向上。

二、個股能否持續成長，可觀察每年獲利成長幅度、毛利率變化。

三、個股與所屬產業競爭力夠強，在生產鏈或整體產業中，具有不容易被取代的地位。例如市占率高、產品夠創新、保持技術領先優勢。

個股若有好的基本面，競爭對手怎樣努力都只能看到車尾燈，因此也會像台積電一樣，吸引長期投資買盤。但公司本身製造的產品或提供的服務進入門檻不高，就不算具備良好的基本面條件，例如前幾年很紅的康控-KY（4943）於2016年11月掛牌後，2017年曾漲到500元以上，可惜公司製造蘋果耳機所需矽膠產品的技術門檻不高，幾年內便遭逢對岸中國廠商競爭，逐漸被陸廠取代，2022年年底每股股價落到13元上下。

不只康控，中國與台灣在很多產業的競爭，都陷入你死我活的肉搏戰。早期台灣的塑化、鋼鐵、面板產業都很夯，甚至發展到很大的規模，可惜當對岸開始開發相同的產業後，台灣便敗下陣來。從產業競爭角度來看，好的基本面，也許就是指中國或其他對手無論如何努力，或利用再多人海及大量投資都跟不上；他們優秀的營運團隊會築起一道很高的城牆，讓競爭者無法輕易攀越。

兩岸當然也有競合案例，中國立訊公司雖然幾年內還無法與鴻海較量，但該公司有樣學樣，找台灣其他中小型公

司合作，例如買下宣德、跟美律在蘇州合資設廠。立訊有可能大量消滅台灣小廠而成長茁壯，更加接近鴻海的代工規模嗎？或許那時的鴻海已經轉型，在電動車或生技產業領域都能創造藍海，3C 及家電產品也只是集團的事業體之一，短期內立訊根本無法與發展多元領域的鴻海集團相提並論。

發展跨領域產品，讓基本面更穩健

一家公司若只有單一產品成長，它的基本面一定很薄弱。反之，擁有多元產品，才較能從容應付變局。前面提及的台達電，早期做電源供應器、充電器，接著有扼流器，又往綠能方向發展，生產綠建築相關產品及充電樁等。台達電不斷找到市場新機會，如果它停留在舊有的電源供應器、充電器、扼流器領域，就不會有所成長。

研究一家公司也不只有看單一產品表現，必須要觀察其橫跨的幾個產業才能了解這家公司發展軌跡。除了台達電，國巨的情況也很類似，從製造泛用型被動元件，轉到利基型被動元件產品，公司突破瓶頸的企圖心明顯可見。手機、PC 所使用的泛用型被動元件使用量已經停滯，只能往更高階的被動元件發展。

國巨運用併購的方式，不斷擴張實力。2018 年斥資新台幣 220 億元買下美國普思電子（Pulse Electronics），2019 年又耗資 500 億元，大手筆收購有百年歷史的美商被動元件大廠基美（Kemet），跨足車用電子被動元件領域。國巨董事長陳泰銘當時主持併購案記者會便喜孜孜地說：「這像是一塊蛋糕，上面有一層奶油，就是技術層。過去國巨用數量做出價格，賺的是管理財，但此後國巨有機會嘗到蛋糕上面那一層（奶油）有多麼甜美。」

國巨公告，2021 年第二季度的合併營業收入，創下該公司單季營收的次高紀錄，營業毛利、營業利益、稅後淨利、每股稅後盈餘皆為近 11 季度的新高。主要是對基美及普思的併購效益持續發揮，客戶訂單需求暢旺，以及產品組合優化所致，讓國巨基本面確實有跳躍式的成長。

嘗過「技術財」的好味道，董事長陳泰銘在 2022 年 10 月再以新台幣 214 億元，現金收購法國施耐德高階工業感測器事業部（Schneider Electric Telemecanique Sensors）。透過併購，國巨不必花時間從事可能吃力不討好的研發工作，便可以取得轉型的高階技術，華麗變身。國巨早已不是昔日靠著大量製造賺取管理財的吳下阿蒙。

不可諱言，國巨併購歐美公司需要有學習曲線。就算過去成功整合美商被動元件廠，也難以確保已有百年歷史的施耐德法國廠商員工，未來可以同樣順利融入國巨集團文化。明碁併購歐洲公司西門子（SIEMENS AG）的慘敗案例殷鑑不遠，國巨與歐洲企業文化的融合，會是艱難考驗。

併購是一條捷徑，但不保證能輕易成功。

擁有創新能力，才能為基本面加分

綜觀台灣產業發展，雖有產品技術創新研發能力，卻缺乏品牌創新，很多是幫人代工，無法開創新局。因此相較全球股市，台灣股市的本益比一直沒辦法往上提升，就是出於原創動能不足。製造代工並無法獲得高本益比，擁有創新能力才能為基本面加分。

台灣產業界雖然較無能力推出創新產品，卻因優秀的製造功力，比世界其他地區的業者更能參與新創產品的製造過程。市面上出現的革命性產品，其中有許多組件都是台灣製造，特斯拉（Tesla）電動車就是一例。

台灣廠商既然有能力成為特斯拉的供應鏈，要推出自有品牌的電動車應該並非難事。因此，產業界對鴻海集團與裕隆納智捷（LUXGEN）的合作有很高的期許。

裕隆有條件創出自有品牌的電動車嗎？回顧過往燃油車

的銷售情況，納智捷曾經懷抱雄心壯志進攻中國市場，可惜成績不好，在台銷售的規模數量不足以養出國有汽車品牌。裕隆自創品牌之路有困難，主因是汽車核心元件引擎並非自製；電動車與燃油車的動力來源不同，如果台灣能自製電動車馬達，裕隆就能以自有品牌闖進電動車市場。

裕隆集團執行長嚴陳莉蓮在 2022 年 10 月的納智捷品牌發表會上，宣布裕隆納智捷的 n^7 電動車將在 2023 年年底上市。對裕隆來說，n^7 是集團朝向數位化、新能源化發展的關鍵。對鴻海集團而言，n^7 也是其跨足電動車市場重要的第一步。

鴻海集團在電動車產業的布局備受關注，跟裕隆合作開發國有品牌電動車，其實仍有諸多變數。以代工起家的鴻海，不太可能貿然切入自有品牌，即使擁有自有品牌，產品銷售規模也不大。像是鴻海買下老牌手機大廠諾基亞（Nokia），並未有擴大行銷諾基亞品牌的動作，購併日本老牌家電廠商夏普（SHARP）後，也是如此。

鴻海跨出自有品牌的每一步都走得很謹慎。可以確定的是，現階段的鴻海集團重心還是放在代工業務，與裕隆的合作可能是練兵，以便交出實績，讓蘋果公司放心交付電動車代工訂單。

 電動車革命，裕隆與鴻海面臨挑戰

未來的趨勢中，汽車工業占有重要地位，全球各界目光都放在明星產品電動車的發展。電動車使用「電」為發動能源，必須廣設充電樁，造車工藝更是追求輕量化，盡量去除「鋼件」的組件配備。不同於過去燃油車的白車體需要很多「鍛造件」，特斯拉汽車白車體使用很多簡化的「鋁壓鑄件」，只需四個鋁壓鑄件就構成一個車體。因為特斯拉的橫空出世，汽車工業正在進行巨大的革命性改變。

特斯拉打破一般人的舊觀念。很多人曾經以為電動車與燃油車的不同，只是燃油車的車體換上不同的趨動能源，汽

車製造商過往也都以舊觀念看待電動車。就連製造產品能力特強的鴻海集團，也面臨汽車工業新舊觀念的抉擇問題。

蘋果公司尚未正式進入電動車產業，投資人可以試著換位思考一下，假設你是蘋果的高層決策者，會選擇燃油車製程，還是以特斯拉模式生產電動車呢？坦白說，特斯拉生產模式可以節省成本、提高效率，應該會是多數人的選擇，但鴻海集團與納智捷的合作該如何發展呢？

鴻海集團先採用納智捷體系製造電動車，但未來趨勢傾向特斯拉造車的創新模式，因此鴻海必須拋棄燃油車製程邏輯，等於要大費周章，把納智捷生產體系打掉重練。對裕隆及鴻海而言，產製品牌電動車之路障礙重重。或許因為政府鼓勵國產電動車，裕隆得以能夠在台灣銷售，可是放眼全球市場，裕隆電動車能與特斯拉競爭嗎？裕隆與鴻海集團合作生產電動車的基本面題材，曾引來市場看好裕隆股價，但想持續抱著裕隆股，其實要承受基本面變數的風險。

暖 | 神 | 凱 | 哥 | 小 | 學 | 堂

存股標的基本條件：成長型股票、股本不低於 30 億、不隨景氣波動影響配息

投資機構法人會把 30 億元股本以下的公司視為中小型股。我對投資人的真心建議是：中小型股不太適合當成存股標的。坊間有些老師教投資人存股，卻沒講清楚內容，或只提供似是而非的看法。

存股標的最好是成長型個股，但切忌投入產業景氣波動過大的個股。

市場上總是充斥各種簡單存股術的經驗談或專家意見，卻常忽略投資細節。舉例來說，挑選買進時機、觀察標的股產業景氣循環走向很重要。如果挑到產業景氣往下走的個股，就算耐心等待，還是無法掌握該產業何時恢復榮景。對投資人而言，這種投資方式變數太大，很難預估自己何時才能回本。我建議投資人找成長型公司作為存股標的，不但可以賺到股息，還

可能有資本利得。假設整體股市行情不好，每年的配息殖利率，也能充實投資人的荷包。

存股的迷思不少，有一種說法是基本面好的個股就能當成存股標的，但「基本面好」的定義是，當下基本面表現好？還是看好公司未來成長性？

即使同一個產業，也有良莠差別。不少公司沒有能力每年穩定配息，投資人存到這種股票，就算認真存好存滿，也未必享有穩定殖利率而長期賺到錢。

有些專家建議金融股可以成為存股標的，不過，我要提醒投資人，並非所有金融股都有基本面成長的空間。在股市及房市大多頭的時候，有些金融業因此賺進豐厚的業外投資收益挹注獲利，但真正屬於金融本業的存放款、企業金融及消費金融等業務都沒有長進。一旦房地產景氣低迷、股市下挫，只靠操作投資灌注盈餘的金融股，本業根基不穩固，可能就會減少對股東的配息。

第 2 章

站在研究員的肩膀上

2-1 好公司不代表好股價

很多投資人常常有些天真爛漫的念頭，明明沒有研究產業的專業背景，卻設想自己是產業界研究員、操盤手，模仿專業人士的角度來看待股票操作邏輯，琳琅滿目的投資課程應運而生。不少老師標榜快速讓學員成為產業研究高手，使投資人趨之若鶩，爭相報名上課。但我在這裡必須潑一下冷水，請大家冷靜想想，上這些課程真能學到操作精髓嗎？還是只是追隨明牌，被當成出貨的對象？

聽課程就能變成研究員？別鬧了！

一個經理人或研究員的養成過程需要很長的時間，不是簡單幾個小時的課程就能學會。研究員或基金經理人都有一定的學經歷背景，一般素人想要模仿他們，絕不是短時間可以做到。

研究員養成何其困難，沒有三、五年培養不出產業研究分析的功力。不少研究員或操盤人可能是財金科系畢業，又或者在學生時期就參與證券社團，他們提早累積對產業的知識，對產業發展前景有一定的判斷力，但世界上罕見「橫空出世」的神話，除非天縱英明，否則一般人想要自己著手研究產業，進而以此為依據來選股，坦白講，難度很高。

況且，隔行如隔山，即便是研究員也不可能熟悉每一類產業，一般研究員通常只專精幾個產業，或看過幾個景氣循環。券商習慣把研究員分成負責傳產或科技產業，各自拜訪及研究不同產業類別的上市櫃等公司，科技研究員不太會碰到傳產類股，傳產研究員也不涉獵科技類股，進入證券業或投信公司擔任研究員的同時，已經先被塑形。

我曾經就讀專科電機科，大學跟研究所念的是不動產投資。一開始進入證券業，被公司主管指派負責研究傳統產業，從傳產入門，後來跨入科技產業研究員，主要研究電子零組件產業。我算是比較特殊的個案，大部分研究員不會有這樣的經歷及機會，更何況是一般投資人。

一般投資人又該如何彌補自己在產業研究專業的不足呢？我建議可以多看看券商投顧公司的研究報告。

從報告裡看門道，素人也能變神人

在閱讀專業投資機構研究報告內容時，就像是有人幫你過濾及整理第一手資訊，透過券商研究部的產業研究報告，應該可以對一檔個股的基本面表現有一定程度的了解。

研究報告常會揭露一些財務指標，或者從台灣證交所要求個別公司公告的重大訊息中，也能窺得個股基本面表現。

例如，獲利是否年年成長？股本的形成過程如何？若大部分股本來自資本公積轉增資，不是以市場募得方式來擴充股本，例如台積電這類公司跟市場籌資，只把賺得的盈餘再轉為股本，即可稱為基本面穩健的公司。

力積電（6770）、南亞科（2408）等半導體公司是台積電的對照組，兩家公司經常辦理現金增資，資本額的形成大部分都是從市場拿錢進來，擴大資本。

兩類公司資本形成過程，一經比對，便可知道那一種比較扎實——以盈餘轉公積的公司確實可以判定為基本面較穩健。

以上所談的獲利、資本形成是觀察一家公司所屬產業、營運和財務健康與否的最基本角度，但不代表正道經營的好公司股價一定會漲。

有時候，股價上漲就是硬道理

不過，我要很抱歉地告訴大家一個殘酷的現實，有時候，很多股票上漲，是沒有道理的，找不出基本面的原由，因為他們是邪魔歪道，說穿了就是有特定的人在炒作。這類股票的交易價格是籌碼的結構堆砌而成，若向基金經理人請教為何這檔股票交易熱絡，基金經理人可能會對沒有基本面的個股嗤之以鼻，甚至認為這類股票是「垃圾」。

也有很多股市的專業投資人習慣將沒有基本面卻上漲的個股，稱為「妖股」，不過在股票市場裡，股價上漲就是「硬道理」，投資人在這檔個股上賺到錢最重要。**即使基本面很好，股價下跌對投資人而言，就是沒有益處**。

不過，大部分經理人很在乎產業基本面，甚至過度偏執於基本面，以致於選股及投資決策時，常有盲點，最後造成持有的許多股票被套牢，操作績效被大盤打敗。

暖｜神｜凱｜哥｜小｜學｜堂

如何聰明掌握他人研究精髓？

每家券商投顧公司都有專責研究員，一般投資人**想要了解產業及個別公司基本面，最簡單的方法就是看券商研究報告。**

接下來投資人一定會問，市場研究報告很多，要怎麼選擇？

我在台灣證券市場經歷過數十個寒暑，就個人經驗來看，**規模較大的凱基、元大、永豐和富邦證券投顧出版的研究報告，與其他中小型券商比較，屬於典範型**，投資人可以參考他們的研究報告，以便進一步掌握市場與產業趨勢。

台灣券商的結構性轉變

台灣最先成立研究部門並且出版研究報告的券商，其實不是凱基、元大或富邦，而是已被併購且消滅的亞洲證券。亞洲證券是開創研究產業的先河，早期台灣證券市場缺乏產業研究，大家都喜歡打探飆股明牌，券商營業員最愛跟客人「報佳音」，還口耳相傳大戶進場炒那一檔股票，鼓勵客戶跟著賺一波。

亞洲證券後來被購併進元大證券，讓元大證券的研究部門因此茁壯成長。十年河東、十年河西，不只是券商吹起合併風，證券產業進行結構性調整，就連台灣股市也有翻天覆地地改變。

我曾看過《1989 一念間》連續劇，裡頭提到 1989 年的台股指數站上萬點。那年，我剛好專科畢業，觀賞那部戲特別有感覺，劇中大家一窩蜂擠到證券公司營業台問營業員今天主力要做哪一檔股票。當時破台股上千元的強勢股是彰化銀行、華南銀行及第一銀行等三商銀之銀行股，而今彰銀跌落 20 元以下價位，華南及第一變身金控後，股價也在 20 元至 30 元之間。市場不是一成不變的，這幾年金融股不再閃閃發光，因為電子業的興起，金融股價逐漸黯淡，券商內部對科技產業的研究日益重要。

從報告中洞見趨勢，掌握先機

如果從科技產業研究的角度來看，可以從績優公司裡挑出長青公司，也就是企業管理領域提到的 A+ 公司，從 A+ 族群中再找出被投資標的，而選股時要仔細留意 A+ 的公司產業轉型過程。

最著名的 A+ 頂尖股蘋果電腦，從早期的 PC 個人電腦到手機產品，未來將跨足電動汽車產業，這意味著大 PC 時代已經是過去式了；代工製造蘋果產品的鴻海，身為最大的電子代工服務（EMS）廠商，鴻海也跟著上游客戶轉型進軍電

動汽車產業，透過納智捷展示它的 n7 電動休旅車。

蘋果電腦的案例告訴我們，市場並非一成不變，產業永遠都在進化。身為一般投資人，無法像企管或產業專家有判斷長遠趨勢的能耐，我們只能在當下努力抓到未來 3 至 5 年最夯的產業，從中找尋適合的標的。

我們投資股市，不必花過度的心力鑽研產業，那是研究員的工作；投資人對某個產業有很專精的知識，也不代表買股就會賺大錢。

不過，我們相信一件事——認真看研究報告，讀透內容，在產業景氣循環開始時，你可以比別人早一點看懂趨勢，掌握契機。我有一些很會看產業趨勢的朋友，在產業走到低谷時，進場抄底買股，景氣走到高峰前，捨得賣股獲利入袋，這樣子的波段操作，比起有如射飛鏢一般靠運氣選股，勝率高出很多。

 方法因人而異，理性檢視投資組合

在市場上多年，走過這麼長的路，我看到很多投資人有時候股票賠就放長，卻賠得更慘。

不少人忘了**股票投資模式要分成長期投資和短線投機**，投資人可遵循以下的原則，理性分配及檢視自己的投資組合。

原則一：若一家公司長期配息率維持 7% 至 8%，這家公司的股票應能當作長線投資標的，我們可以先不去管這檔個股的短線股價表現。

一般而言，股價走紅之際，投資人不會在意個股漲幅。當股價重挫時，投資人忍不住會十分在意自己持有個股的股價，有如繩索套脖，非常難受。往往忍耐到極限，熬不住賣股的當下，股價就可能往上走。

錯誤總是不斷重覆，個股下跌好長一段時間後，投資人

常在低檔反彈前賣掉個股。我記得聖經上常有經文提到，上帝可以帶領你走出低谷，股市投顧老師也總是對學員說：「買在股價底部」，但那裡是真正的底部？

找到股價底部是一門學問。我的投資課程，教的不是法人 Buy & Hold 的邏輯，很多法人可能也不太懂我的授課內容，這些內容有其邏輯與脈絡，完全是我個人多年的累積，經歸納彙整，創出一套方法。

原則二：從均量及均價著手，判斷多、空那一方主導走勢。

我認為股市每天都在多空拔河，多方和空方是比賽的兩支部隊，中間有一條判斷誰是勝方的紅線，端看多空雙方的力道強弱決勝。每天看盤的投資人尤其需要找出當日的紅線在那裡，多、空方到底是誰比較厲害。若是沒空在交易時間內看盤的投資人，也可以在盤後研究是由多空那一方來主導走向。

接下來，投資人要思考拿何種尺度判斷均線位置？我的答案是月、周或日的尺度都行，因為每個人狀況不同，不必死板地全部套用一種模式。

如果賦閒在家、手上有點積蓄的人，可能會常找朋友遊山玩水，這種投資人不必每天看盤，可用周的尺度衡量多空走勢。而天天看盤的一般投資人，就要以日的尺度研究。

有了尺度後，**該怎麼判斷一檔股票走多或走空？簡單來說，每日成交量是一指標。**股價若上漲沒量，多方不算真正的贏家，這個原則也適用於台股大盤走勢。

前面提到很多人持股部位從賺錢放到賠錢，分析箇中成因，可能是整體市場出現系統性警訊，或個股股價已現轉折跡象，投資人卻毫無自覺。

若是大盤成交量未逾 5 日、10 日的均量，而你所投資的個股成交量超過 5 日、10 日均量，代表個股強過大盤，市場真金白銀買進，毫無疑問地是處於多方型態。反過來看，股價上漲卻沒有量，或縮減到均量以下，如此個股已成空頭形態。

除了均量之外，**個股的均價表現，也是能判斷個股走多或走空的指標之一**。若個股在 5 日最大量那天跌破均價，還收在最低價，便代表這檔股票開始降溫，應該減碼賣出。若跌破 20 日的均價，表示這檔股票停止漲勢，要休息一陣子了。

別執著於個股過往的基本面表現

「凱哥，這檔股票不是基本面很好嗎？」有些學生投資股票都先看基本面，選股買進後，就不太理會影響個股的其他變數，等到股價直直落，才著急求助。我常在課堂上提醒學生，個股基本面是一回事，籌碼、型態是一回事，尤其後兩者經常變化，若再加上營運面偏空訊息，種種變數都會反映在股價上面。

倘若執著於一檔個股過去的基本面表現，很可能看不到影響股價的各種因素。其實，在這個充滿不確定的年代，就連基本面也會有意想不到的變化。

例如某檔科技股一向被列入獲利優等生名單，投資人看到公司公告上一季的營收、獲利及配息率都不錯，便被吸引進場買股，但沒想到當季公司獲利情況與上季大不同，可能因為同業競爭而削價接單，或失去高階客戶訂單，使得毛利率轉差。這種基本面消息變化，一般人根本無從得知，而且大部分正直的上市櫃公司高階主管忌憚「內線交易」紅線，大家都擔心觸法，不會釋出訊息。

但有一種可能是，公司瞞不過上下游供應商及客戶，走漏消息，上下游廠商早就先退場，當市場一有風吹草動，更令股價疲軟不振。此時，又應驗「股價會說話」這句老掉牙的俗諺，從股價表現能夠嗅出異常氣息，但我們大部分人都沒把警訊放在心理，錯失機會。投資前輩們所累積的智慧話語，是長年不變的道理。

除非發生特殊緊急狀況，讓股價連續3天跌停，個股出現流動性系統危機，否則以我多年鑽研出來的看盤邏輯方法，一眼就能看出一檔股票的賣點。

個股型態反轉並非一朝一夕，大多數是先跌1、2天後，持續盤跌。很多時候，決定權在投資人身上，看到個股開始有空頭型態，要不要賣股呢？投資人能不能戰勝讓自己猶豫不決的貪婪之心？你能否突破人性的限制，果斷行事？

股價反彈卻鎖不住漲停，危機浮現

2022年10月下旬某一天，有個學生在盤下搶了北極星藥業-KY（6550），當日盤中這檔個股很熱鬧，反彈上攻，由黑翻紅，可惜最後沒有漲停作收。收盤後，這名學生問我要不要賣出北極星，我反問他為什麼買，他說生技很熱鬧，我說：「那賺3%以上就可以賣，為什麼不賣？」

股市多空對決，像極了兩軍交戰，誰攻下較多城池，就是勝方。一檔股票股價強勁反彈，收盤漲了 8%，但數度挑戰 10%漲停板卻鎖不住；另一股票只漲 8%、股價收最高，那一檔比較強勢？

多空交戰雙方應該是寸土不讓，如果多方攻上山頂，卻又被空方擊退，空方實力一定不容小覷，處境危險；另一部隊在指揮官率領下，步步逼近敵營，穩穩收復失土，就戰力及士氣來看，當然是收復失土，股價收最高的一方較為強勢。

很多投資人認為個股股價下跌，只要不賣就沒賠。或許，在多頭市場這種作法行得通，打死不賣股，還能硬拗僥倖過關，但遇空頭市場，只有節節敗退，投資人不賣空方型態的股票，想要堅持到底，吃虧的還是自己。

這裡再強調一次，**如果個股爆大量破均價，代表減碼訊息出現了，如果再有大量破低價，應該要果斷地出清部位。**

我們主張減碼賣出籌碼凌亂及空頭型態的個股，不一定都面臨重大營運問題，有些基本面不錯的公司，只是形勢比人強，大環境不佳，影響了台灣及全球經濟。由於台灣特有的地緣政治危機，不時傳出中共加大武力威脅動作，兩岸關係緊張影響之下，也會使得台灣的**好公司不見得能有好股價，這也更凸顯籌碼及多空型態變化，對股票投資操作的重要。**

2-2 為什麼 0050 打不敗？

0050（元大台灣卓越 50 證券投資信託基金）為什麼都打不敗？

答案很簡單，股票代號 0050 這檔 ETF，是由台股市值前 50 大的成分股組成，而且有一隻特別的手支撐著——那就是政府的力量，讓 0050 不會重跌。0050 存在的本身，就負有政府政策使命，一般人投資股票根本沒有如此穩重的靠山，只能自求多福，個人持股的績效不如 0050 穩定，也很正常。

因為有政府買盤支撐，0050 所持有的個股雨露均霑。就像是 2022 年下半年以後，陽明（2609）、長榮（2603）的基本面表現沒有先前那麼亮眼，但政府基金操盤人還是會進場買這兩檔航運傳產股，目的只是為了讓台股大盤指數不致於跌得太凶，當台積電等科技大型股的股價進入休息盤整期時，政府相關基金必須換股買進撐住指數，兩檔航運股就成了護盤標的股。

對個別投資人而言，0050也具有意義。若正逢多頭市場，一般投資人又沒有足夠的選股訊息，買入0050這檔標的，會有穩定的配息和收益；但大盤處於空頭型態時，0050就要當成避險工具，投資配置裡作多個股，放空0050，或買0050反向，以分散一部分持股風險。

就個人操作台股的經驗分享，不論市場處於多空型態，我都以投資個股為主，選對股操作，獲利絕對大於投資0050。但在空頭型態的市場，我會將0050當成避險工具。

0050的持股組合都是大型股，不致於大跌，而且長期績效表現優於大盤，為長投標的。有些投資人會問，同樣都買進台股，國內股票型基金，是否也能有此穩健的收益？

對此，我的看法沒那麼樂觀，空頭市場不利基金操作，再加上基金經理人可能沒經歷過多空市場幾番輪迴，國內股票型基金最可能受累於偏空的市場氣氛。如果是我，一旦感覺市場走空，應該就會積極贖回股票型基金。

投資人還可以觀察，即將被納入前 50 大的股票，也就是從秀女要被納入貴妃陣營的股票，這種股票通常都有較大的爆發力，在入選前的一個月就會出現股價異常的活躍現象，這也是法人會介入的標的。

第3章

磨練挑出好公司的眼光

3-1 好公司的願景

每個公司都有願景，端賴描繪的景象能否打動人心。而有願景的好公司是什麼模樣呢？

已下市的知名隱形眼鏡公司金可國際，雖然股價表現不理想，不見得符合交易市場中的投資人想法，卻因為有一定的價值，被特定人溢價收購公開流通在外股權，最終下市。金可國際公司旗下海昌隱形眼鏡公司以「海昌」「海儷恩」兩大自有品牌在中國生產及銷售，收購者看中其在中國發展的前景，使金可成為股票價格低於價值的典型案例。在收購者眼裡，金可國際公司是有願景的好公司。

擁有執行力，是好公司的關鍵

一家公司有很清楚的目標，就會吸引許多人的眼光，但有願景還需要有執行力，當初立下的願景是否能夠達成，才是關鍵。

聯發科（2454）曾經宣誓要成為全世界最強的手機 IC 設計公司，後來無法勝過全球老大高通，始終維持老二地位。前些年，更因為中國華為集團全力扶持旗下 IC 設計公司海思，聯發科腹背受敵，老二地位岌岌不保，甚至被擠到全球第三的位置。

目前看來，聯發科在觀察名單裡，尚不能稱為有願景的好公司，因為號稱白牌手機的龍頭晶片 IC 廠可能也經不起美國的禁令。

上市櫃公司舉行業績法人說明會的當下，董事長或總經理對投資人描繪未來美好的營運前景，常令投資人心動，深

信買這家公司股票就是投資未來。但讓我們拉回現實，換位思考一下，如果自己是這家公司執行長，能確實達成設定的目標嗎？而這家公司的經營高層有何種他人沒有的條件或特質，才可以克服困難，完成使命？

你有沒有想過，或許不能說是執行長不夠盡力，一家公司無法達到既定的願景目標，和大環境、市場結構等變數有關。

我們以鴻海（2317）為例，要它像美國蘋果公司一樣創新，建立自有品牌，可能很難；但同樣替蘋果公司產品代工，依然有排序，鴻海毫無疑問居首，和碩（4938）第二，後進的緯創（3231）公司位居第三。鴻海能做到全球最大的蘋果產品代工廠，可以算是達成公司願景。

現今國際產業分工結構堅不可摧，美國負責原創，台灣以代工見長，並協助優化產品。既然台灣擅長代工及優化產品，一家台灣的公司若設定自己要達成業界全球第一，會是

世界級的挑戰，而目前中國廠商也開始切入代工，將是台灣未來的隱憂。

先成為一方之霸，再躍入國際舞台

台灣產業在各領域的原創品牌，要攻上世界頂端，雖不能說緣木求魚，卻也是寥寥可數。但或許有可能在未達成頂級高手目標前，先成為一流高手。是否有某些台灣廠商於特殊領域做到一方之霸，而我們平常沒有注意到？

讀者腦袋可能很快浮現一些產業或公司名字，例如，部分台灣自行車業在國際上打開品牌知名度，巨大公司（9921）的捷安特品牌在歐洲市場被定位為一般普羅大眾購買的自行車。而頂級自行車賽車手則較少騎捷安特，多數選手會選擇台灣美利達（9914）代工的品牌 Specialized 系列車款。根據 2018 年的調查，Specialized 系列車款為全球最頂級的五大車款之一，號稱單車界的 BMW。

說實話，台灣的自行車品牌只在小眾市場被看見，日本及歐洲義大利的自行車品牌知名度可能更高，台灣發展自有品牌，還需要持續努力。

回想當年，宏達電（2498）的 hTC、多普達手機品牌一度成為國際知名品牌，後來卡在無法突破介面的技術問題，就連螢幕觸控都停留在電阻式而非電容式；電阻式觸控只能以指甲碰觸，電容式則是指腹一摸便可操作手機。宏達電手機介面顯然不如蘋果等敵對陣營來得友善，品牌影響力逐漸下降。

過去我擔任基金經理人，在宏達電股價 110 元時，因為看好這家公司品牌價值，在法令規範一檔基金能持有個股比率上限裡，買好買滿，直到我離開投信公司，都抱著沒賣。那時候，我已感受到手機正改變人類社會，也影響人們腦袋思維，手機產業就是未來明星產業。

宏達電讓手機整合 PDA（個人數位助理）功能，突破以往只把手機當成移動電話的舊觀念，創新研發的結果，令宏達電 hTC 成為國際知名手機品牌，也是當年的一方之霸。可惜的是，世界不斷進步，產業及商品更是如此，宏達電沒有跟上隊伍，一步之差，從品牌享譽國際的天堂墜落，難跟蘋果與三星匹敵。

宏達電一度達成我國自有品牌進入國際舞台的願景，股價也曾站上千元，如今風光不再，從好公司名冊中被剔除了。

宏達電短期爆發力很強，但願景是長期目標，不是衝刺幾年就能完成。台灣有些中小企業雖然沒有原創品牌，卻能發揮堅韌精神，追求進步，更是許多領域中的佼佼者，也在該產業扮演舉足輕重的地位。不論一間公司是否有原創品牌，只要在特定領域裡長期努力不懈，追求且達成願景，就符合我們對好公司的定義。

例如，上銀科技（2049）製造線性滑軌等零組件，為世界第二大滾珠螺桿製造商，於美國、德國、日本、瑞士、法國、捷克、以色列、新加坡、韓國、義大利和中國皆有據點，在該零組件產品領域裡，居全球領導地位。又如亞德客 -KY（1590）是國際知名的氣動元件製造商，主要生產電磁閥、氣缸等各類氣動元件和輔助元件，產品運用非常廣泛，於汽車、機械製造、冶金、電子技術、環保處理、輕工紡織、陶瓷、醫療機械、食品包裝等工業自動化領域，都需要它出品的零組件。

還有一家從生產家具絞鏈起家的川湖（2059），1998 年之後以自有品牌 King Slide 變身為伺服器機櫃滑軌製造大廠，在全球電腦伺服器機櫃滑軌產品中市占三成；2008 年以後再施展多角化策略進入廚櫃滑軌市場，專心研發需求量較多的歐規產品。如今廚具滑軌占川湖三成營收，也是貢獻獲利的金牛。

這三家公司專精特定領域零組件產品，在終端消費市場沒沒無聞，卻達到產品暢銷全球的願景目標，這也是好公司範例。

3-2 發掘隱形冠軍

達成願景的好公司，不少就具有隱形冠軍特質。但隱形冠軍中，也許有些公司還沒達成願景，或正在往願景目標的路上，這些個股仍值得追蹤關注，更可趁此時機探究公司是否還保有隱形冠軍的特質。

前一節提到巨大（9921）、美利達（9914）拓展歐洲自行車市場，這兩家公司曾經是國人眼中的隱形冠軍，過去有媒體大幅報導過兩家公司在歐洲市場開拓品牌知名度的故事。不過，時代在變，尤其疫情過後，全球經濟大環境全都不同了，過去的隱形冠軍也可能今非昔比。

2020 年到 2022 年上半年的疫情期間，各地區騎單車的人變多，自行車銷售業績成長；隨著各國解封，人們回歸正常生活，恢復以往搭乘公共交通工具的習慣，一般民眾或許只在假日把騎車當成休閒運動，預估以一般人為主要客群的捷安特等大眾自行車品牌業績受到影響。

此時，我們可以觀察自行車業者能否順利轉型。近年來巨大聚焦分眾市場，公司推出女性專用自行車品牌 Liv，也出產電動輔助自行車，更跨界投入城市租用腳踏車服務 Youbike，這些新增業務的榮枯，就會影響巨大的轉型成效。

隱形冠軍追求卓越，堅持不懈

同樣製造自行車，愛地雅（8933）很早就把生產基地移到越南，雖然越南的電輔車很多出自該公司，但其經營發展策略與巨大、美利達著重歐美市場不一樣，其股價也落後於兩家自行車業者。翻開愛地雅財報與營運歷史，2019 年減資後，公司努力轉型，遇上疫情期間自行車銷售量大增的時機財，至 2022 年為止，在台股市場以轉機股面貌吸引買盤。但若要稱上隱形冠軍，恐怕不能只強調轉機，而是轉型有成才符合隱形冠軍資格。

前一節提到的川湖，公司從家具零組件鉸鏈，先是轉型製造電腦伺服器機櫃滑軌，進入電子零組件供應商行列，接著又跨入廚具滑軌製造，這家公司追求轉型，且轉型製造的產品都交出傲人成績，搶攻全球市占率，或成為挹注獲利的功臣，這就是標準的隱形冠軍特質，轉型是為追求常勝的關鍵，而非只強調公司轉機換骨。

最早提出隱形冠軍觀念的管理大師赫曼·西蒙（Hermann Simon）說，「一個隱形冠軍是長期追求一樣東西，一直做到最好。」隱形冠軍重視研究發展，深入研究同樣一種產品如何做到業界最好，進而跨界讓原本專注發展的產品有多元化的應用。如果只是換商品，沒有跨領域拚出成績，不能稱有隱形冠軍體質。

以美律（2439）為例，堅持做好一項產品，也許會經歷一段痛苦的磨難期，但若最後能交出最好的產品，就堪稱為一家隱形冠軍。美律的故事是從堅持做好藍芽耳機這項產品開始，雖然有段時間尚未交出成果，讓股價一度疲軟，但 3

年內達到了蘋果公司嚴格的品質要求，最終成為蘋果藍芽耳機最重要的供應商。同時，美律也幫其他國外家電大品牌代工耳機產品。

隱形冠軍還有另一個特質，就是所出產或製造的產品在全球市場占有比例很高。

德國的愛迪達是全歐洲最大的運動鞋、運動服裝及球類用品供應商，旗下有超過 50 家子公司、合夥企業和授權代理商，鞏固愛迪達產品在全球運動用品市場的占有率。愛迪達因為橫掃歐洲市場，且深獲世界其他地區消費者喜愛，在全球體育用品與運動鞋、服裝的市占率高，是企業管理專家眼中典型的隱形冠軍。

暖 | 神 | 凱 | 哥 | 小 | 學 | 堂

投資隱形冠軍要有什麼心理準備？

- 如果符合隱形冠軍條件的個股在興櫃市場，投資人可能要衡量自己承受風險的能力，能否忍耐熬到它上市櫃，萬一最後沒有掛牌，也要有認栽賠錢的心理準備。

- 政府基金或投資大師介紹的隱形冠軍公司，可以參考，但不要盡信，還需要自己掌握這些公司的營運情況，或者依據籌碼、價量型態等指標評估隱形冠軍是否值得投資。

- 投資股票不變的原則也適用於隱形冠軍公司。股票型態不對勁，朝空頭發展，就不是投資的時機，要等到型態對了再投入。

MEMO

Part II

從實戰經驗中成長

第 4 章　回首投資來時路

第 5 章　股海中的地雷與魔障

第 6 章　凱哥投資心法

第 7 章　市場實戰策略

第 4 章

回首投資來時路

4-1 慎防基本面利多大餅

很多公司高層在法人說明會等公開場合論及基本面，不管是接單或財報獲利，都提出很漂亮的數字；但經過一段時間，基本面營運表現全然走樣，股價更是跌到慘不忍睹。此時，投資人如果一直堅持不出脫這類股票，還執著在當初接收到的基本面訊息，很有可能會因為陷入基本面迷思，輸得一塌糊塗。

例如，2021 年有某家下市的 DRAM（動態隨機存取記憶體）公司搭上產業景氣走向多頭的順風車，重回資本市場掛牌，由於半導體產業欣欣向榮，市場資金潮湧流向相關個股，一直到2022年第一季，以台積電為首的半導體族群股價紅通通，投資人因此抱著很高期望，這檔個股一掛牌，股價也趁勢衝破70元。

不過，重回資本市場3個月，這家公司隨即辦理現金增資發行普通股參與發行海外存託憑證，募資金額超過百億元。才掛牌沒多久就跟市場伸手要錢（跟之前下市的前身一模一樣），並不是件好事。果不其然，重新上市後經過8個月，這檔個股的股價便腰斬。

在Covid-19疫情爆發後，半導體產業景氣確實不錯，也因此帶動這一檔號稱轉機的半導體個股業績大噴發。奇怪的是，投資人在這檔股票每股4元的時候，質疑公司說法；但等到它重返股市，漲過一波再下跌到40元價位附近，才相信這家公司基本面轉好，還勇於進場承接，結果當然晚了好幾步，又落入股票套牢的窘境。

掛牌蜜月期過後，才是真正的考驗

準上市櫃公司沒掛牌前，一定都希望呈現最好的面貌給投資大眾，無奈有些公司本來就是產業後段班，他們也許在掛牌之前短暫的半年或一年間，全公司上下員工同心拚了全力，交出不錯的成績，但更多公司基本面不太扎實。經過上市櫃蜜月行情後不久，業績便漸漸消風衰退，回到過往產業後段班的水準，股價也隨之回檔。

「咦？公司不是才在掛牌前業績發表會上樂觀展望未來基本面，怎麼會這樣？」投資人一定常常會有這樣的疑問。

上市櫃公司要長時間維持佳績，跟投資股票一樣，必須要有紀律，才能保持最佳狀態，並且突破關鍵技術等各種營運面的限制。我必須很殘忍地告訴大家，掛牌蜜月期一過，上市櫃公司的考驗才真正到來。這就像有些新娘（郎）在舉行婚禮前半年，會認真運動保養，期待以最好的體態樣貌穿上華麗的婚紗，接受大家祝福；但大部分人的經驗是，走過新婚蜜月期之後，可能不會繼續維持瘦身運動習慣，除非麗質天生，否則多數新人的身材都會被打回原形。

準新娘（郎）舉行婚禮前決志保養身材及臉蛋，有如準備上市櫃的公司必定要堆疊出亮麗營收及獲利，期待一出場便令眾人驚艷，飆出蜜月行情。但其實有些公司基本面數字漂亮，都是拜產業大環境之賜，甚至可能看準景氣循環走到多頭，順勢安排正式掛牌上市，營運榮景卻有如櫻花一般，時節過去，滿開花瓣瞬間凋零落地。有些公司的業績大躍增，其實只是旺季到來，不見得是靠自己的實力推高營運實績及股價。

例如，上述的某半導體公司重返資本市場時，正逢半導體成熟，製程需求暢旺，因而接了滿手訂單。當時台股很熱，不少暫時停泊台股的資金想找相對安全的投資標的，半導體族群雀屏中選，部分資金會溢散到這家半導體公司。但那只是符合當下時空的權宜之選，一旦產業景氣回復穩定正常情況，這家公司的競爭力就備受考驗，其中中國半導體公司是最強勁的對手。

一般人可能認為中國半導體廠受美國箝制，卻忘了美國只限制中國半導體廠介入先進製程，陸廠是有能力承接成熟製程訂單的，台灣的半導體公司若還聚焦在成熟製造，沒有其他具有競爭優勢的利基產品，很容易被取代。

當心：基本面的過高期望拉抬股價

美中晶片戰爭之下，台積電在全球半導體產業龍頭的地位更加穩固，台灣的半導體產業強大，相關供應鏈股票也沾光。有些個股魚目混珠，打造基本面的想像空間，若有人跟著一起做夢，股價自然容易上漲。但有可能等到魚目混珠個股的營收或獲利不如預期，投資人才驚覺，並非每一檔半導體產業個股都能跟台積電一樣優秀，若陷入「大廠吃肉、小廠喝湯」的基本面迷思，吃虧的還是自己。

台積電不僅是台灣護國神山，更是其他半導體相關個股的衣食父母，訂單業績、甚至股價，都得靠台積電。

隨著台積電到美國、日本或歐洲設廠，有些設備供應廠商也不時釋出將跟著台積電腳步到海外設點，並可能在台積電全球布局的戰略中受惠。各家供應鏈廠商謀求與台積電的合作機會，希望海外興建半導體廠時，可以多多採購設備。這些訊息或許都不是虛構，可是，規模大如台積電的公司，不可能對外一一解釋說明與供應廠商的合作細節，因此股市傳出的供應鏈訂單傳言，最後都淪為未能證實的基本面利多，也很容易被有心人利用，拿來操弄股價。

例如，某家輕薄短小的半導體設備廠就有多次「前科」，明明只是送樣到台積電，根本還沒取得訂單，市場就開始添油加醋，想像可能會有 10 台、15 台設備賣給台積電。甚至還會有人計算一台設備可以有多少獲利，賣出 10 台就會對年度獲利成長貢獻多少比率，業績大餅越畫越大，各方資金追進，這家設備小廠的股價先展開一波凌厲漲勢。

等到個股爆出大量卻跌破 5 日均價，整個型態不對了，股價便回落。如果訂單是真的，股價表現為何如此疲弱？股價會說話，基本面大餅遠在天邊，看得到吃不到，才令股價下跌。若有人在法說會上詢問此消息真假，發言人可能會指稱是市場法人之間的誤傳，絕對沒有公開對外說過已拿到台積電訂單。因此，並未成真的基本面傳言，就這麼一次又一次地發揮拉抬股價的功效。

或許有一天，放羊的孩子將受到懲罰，但公義總是發生在受害人損傷慘重之後，投資人不可不慎，千萬別跟自己的荷包過不去。

暖神凱哥小學堂

「有土斯有財」？公司擁有土地資產算不算是基本面利多？

報章媒體經常鼓吹「有土斯有財」觀念，不時訪問房地產達人或因房地產致富的素人，他們都強調「土地只要買不要賣」。我想挑戰這種觀念，房地產要永遠持有的投資手法，有時候不一定對，甚至可能踢到鐵板。

台開（2841）就是風險極高的資產股典型案例。台開持有大筆土地，卻卡在有准駁土地變更地目權力的地方政府，像是在台中的大部分土地拖延經年，還停留在審查地目階段。台開空有土地，無法盡速開發，當然不能貢獻公司獲利，加上老闆家族內紛擾不斷，父親邱復生和女兒邱于芸對公司營運發展的意見相左，還有電視界名人邱復生過去影視界的戰友練台生攪和進來，外人干預下令局面難以收拾，營運亂象及問題有如治絲益棼，無法解決，公司只好被迫下市。

有些上市櫃公司確實成功將廠房土地變更為商業用地，而且蓋了豪宅，但不是每家公司都能如此順利。股市裡關於個別公司土地資產潛在開發利益的消息多如過江之鯽，投資人接收此等訊息，要深入思考土地資產的基本面利多風險。在台灣，進行土地開發多少涉及地方政治角力，買賣股票是單純的投資行為，市場上可投資的標的很多，我們不必淌渾水，花太多心思理解資產開發背後的政治因素。因為我們是操作股票的投資人，不是搞政治的人。

4-2 如何避免在股海中反覆上當

航行在股海裡，不時會遇到暗礁，即使是技術純熟的老船長，稍不留意，還是會觸礁翻船。

常有上市櫃公司以基本面為包裝工具，甚至利用舉行法人說明會、新品發表會的場合，釋出錯誤或模稜兩可的產業訊息誤導市場，而且未如實公告海外子公司財報，隱匿海外公司財報掏空資產，存心欺瞞投資人。不少人因為這些營運基本面利多買進這類股票，等到公司被掏空，股票變壁紙，才明白公司所講的基本面利多，根本是虛幻的，落得一場空。

前些年爆發掏空百億資產的康友-KY（6452），可能就讓許多迷信基本面的投資人栽跟斗。康友對市場吹噓擁有獨家的雞隻注射疫苗，但只要稍有畜牧知識的人都知道，經過科學驗證，餵食防疫藥品，才是防範雞隻生病最好的方法。而許多台灣市場法人居然相信毫無根據的消息面利多，此案例更說明盡信公司說的基本面而不多方查證，是很危險的投資行為。

根據台北地檢署調查資料，自 2018 年 9 月至 10 月間，康友 -KY 短短一個多月，股價從 300 多元炒至 500 多元，2018 年 10 月 19 日一度衝上 538 元，登上生技股王。前董事長黃文烈涉嫌在此時間點偷偷賣股，引發拋售效應。檢調發現，康友在中國的孫公司六安華源製藥公司營運困難，把設備抵押給贛州銀行廈門分行，貸得人民幣 1.57 萬元，卻未揭露在財報中，涉及財報不實。簽證會計師也被指控不實簽證，1.1 萬名康友股民成為受害戶。

主導掏空案的幕後黑手竟是印尼籍中國房產大亨王命亮，他因旗下廈門奔馬實業、廈門協力集團爆發財務危機，與身兼廈門奔馬監察人的康友 -KY 前董事長黃文烈一起炒作康友，從台灣資本市場詐得 201 億 6,742 萬餘元。會計師和股市主力作手一起列入被告，此案被告人數多達 27 人。

檢調單位公布的案情資料顯示，康友公司經營者及高層結合專業人士施行基本面幻術，一開始掛牌就存心不良，且是有計畫欺騙市場詐取錢財。

為什麼投資經驗豐富的法人或散戶，會被新掛牌上市櫃公司的經營高層欺騙？

台灣股市幾十年來，有太多投資人囿於基本面而慘賠的案例，歸納原因有：

1. **不夠專業，對產業一知半解。**
2. **太容易相信公司所說的話。**很多投資人以為上市櫃公司創業者或經營高層都像是純潔的天使，可是人心難測，在利益面前，有太多誘惑，白手起家的創業家或專業經理人，都可能走樣成為魔鬼。

   如果要刻意美化財報，外人真的很難察覺，倒是可以從公司老闆或經理人談話或其他蛛絲馬跡裡找出破綻。就像康友 -KY 雖然有生技股王的表象，對外講述的獨家技術卻不合理，持有康友的投資人理應注意這些重要細節。

3. **對公司董事會或經營層人事更迭消息，不夠敏感。**公司董監結構若不穩定，就是奇怪的現象，投資人應該警醒，一家好公司不會發生董監管理階層動盪混亂情況。

爭議性人物進入公司董事會，甚至擔任董事長或總經理，就是警訊。例如投顧老師或股市作手成為一家上市櫃公司經營層，就會引人疑竇。以康友為例，董事長職位居然由鑫豐證券投顧總經理周英（陳民郎）接任，檢調查出，陳民郎與股市作手於 2018 年炒作康友，涉嫌操縱股價。縱橫股市的人物入主上市櫃公司，這件事本身就值得探究，是因為買進太多出不掉，變成董事大股東，還是進入公司經營團隊，可掌有第一手基本面訊息，以便與作手勾結，炒作股價？投資人一定要細心辨別，不要跟自己的荷包過不去。

第 5 章

股海中的地雷與魔障

5-1 如何看出投資地雷

投資人常有後悔莫及的買股經驗，買進當下覺得這檔個股很不錯，事後卻發覺不太對。很多時候，投資人會被電視上的投顧老師引導，追進某檔股價強勢的個股，大膽買進卻沒有小心查證，因而踩到投資地雷。這種「千金難買早知道」的憾事，不只發生在一般投資人身上，就連法人或知名投顧老師也會犯此錯誤，可見避開高風險地雷股的選股能力有多重要。

前文提到康友 -KY 這檔地雷股的投資經驗，當時不少買進康友的投資人都還不清楚這是什麼樣的公司，居然勇敢追買。更令人訝異的是，知名投顧公司老師周英（陳民郎）於

2018 年介入拉抬康友股票，在康友出事前，甚至接任康友董事長。平日教授投資人買股祕訣的股市老師深陷地雷股泥淖，下場與一般投資人差不多，怎會如此呢？追根究柢，原因在於大部分人研究個股基本面不夠細心，連投顧老師也是這樣，分辨不出潛力飆股與地雷股的面貌。

追溯一家公司基本面優劣，其實沒有那麼困難。找到上下游關聯廠商，便可觀察公司所稱營運前景無比亮麗的大餅，是扎實有料，還是利用美化的財報或經營者的能言善道，揮灑出一般人根本搆不到的天邊彩虹，魅惑了投資人進場買股。甚至像康友公司派一樣設局請君入甕，經營者丟下一堆爛帳，拍拍屁股遠走他方，套牢誤信基本面成長的投資人。

跟假生技股康友完全不同的案例是半導體股。台灣的半導體產業鏈相當完整，投資人很容易利用上下游業者的管道查證個別公司營運狀況，例如，某公司對外表示下半年業績很好，只要諮詢上游採購廠商、供應商和經銷商，就可以問到一些眉目，追蹤驗證不是件難事，也難怪半導體產業股成為台灣本地法人及一般投資人最愛買進的類股。

小心橫空出世的股票

翻找歷年來很多地雷股的明顯共同特點，大部分都是**橫空出世、瞬間冒出來的「明日之星」，無從追蹤公司過去的營運軌跡，業績還會突然大爆發**，很難自營收數字或財報中找出端倪，這類公司就不適合投資。若真的忍不住想跟上飆股風潮，只宜短線交易，不能作為長期持股標的，甚至還要防範這類地雷股的股價從雲端重摔到谷底，投資人手上股票長期被套牢，血本無歸。

另一種**營運風險甚高的公司，就是產業主導權受制於人。不過這些公司不一定會變成地雷股，只是營運狀況會一直走弱，沒有起色。**

例如有些遊戲公司除了台灣，還進攻最大華人市場——中國。但中國嚴審遊戲商品上市，一款新型遊戲要能順利上市，關鍵在於中國官方發給序號，一旦中國官方政策改變，會讓業者根本打不進中國通路，遊戲不能發行，也就沒有營運實績。台灣有檔遊戲股網龍（3083）就曾遭遇官方不放行，遊戲無法順利在中國大陸上市的困窘情況，而眾多中國本土遊戲廠商也是勁敵，不利網龍在中國發展。這使得網龍股價早就從 200、300 元高價，跌落百元關卡，2023 年 1 月已遊走在 50 元上下價位。不過，幸好網龍只是從高價雲端落入凡間，而非位處谷底不能翻身的地雷股。

別傻傻聽信名師的口號

市場上有些理財專家或名師會告訴投資人，「股票就是隨便買，不要賣，長期累積才會賺大財。」這樣的說法對嗎？如果選到從雲端墜落凡間，或者直下地獄的個股，只買不賣的懶人投資術鐵定失靈，隨便買挑到地雷股，只會賠很慘。

股票不是買了就不管，買了就要持續追蹤，至少要跟進

營收、毛利率狀況。即使想當作長期波段投資標的，也要觀察兩個季度毛利率變化，如果毛利率都下滑，這家公司可能就有問題。若是營收表現也變差，連續兩個月都減少，你對這檔個股的持股部位最好重新布建，此時賣掉一半都不為過。

股票市場有很多名師口條很好，說出不少有如標語一般簡明易懂的投資要訣，但這些看似化繁為簡的用詞，可能連投顧老師都不了解內涵，只是脫口而出，隨意講講。又或者名師可能都用大眾的資金投資，沒有投入自己的錢，賠的是別人的錢，當然可以隨便買，不要賣。

投資人如何避免盲從誤踩地雷股呢？前文講過股票的「型態」邏輯，就是一項好工具，不論好公司、壞公司，搭配型態邏輯，可以辨別何者為真、何者為虛。公司既然為虛，對外發表的基本面消息，投資人就要有戒心。

任何一家公司存心在股票市場謀利，對於股價必定是

「萬般拉抬總會出」，出貨跡象是爆大量。認清公司操作股價面貌之後，操作股票時，慢慢地可加入**簡化看盤與選股原則：將投信法人對個股的買賣超，當作對一家公司基本面的贊成票或反對票，並視為初步判別個股基本面是否可靠的指標之一。**

投信法人買進某檔個股都要根據內部研究報告，外人雖然無法得知報告內容的真實性，甚至投信公司研究員也常被公司派亂畫大餅的言論所蒙蔽。不過，投信法人買進一家公司股票，至少代表當下對該公司的基本面投下贊成票，若對應這檔個股型態邏輯，例如爆量但未跌破 5 日跟 20 日均價，一般投資人持有這檔股票就可以比較放心。

假設有一家公司，券商從來沒有出過個股研究報告，投信法人也沒有買過，可以確定的是，這檔股票還是不要碰。一檔個股從未出現在券商出版的研究報告上面，投資人千萬不要自做聰明「隨便買」。試著思考，研究員拜訪公司而寫出的報告，都可能會有公司營運狀況失真的情形，遑論沒有任何研究報告可參考的個股？

暖｜神｜凱｜哥｜小｜學｜堂

歸納整理地雷股的特點：

一、**公司突然崛起、橫空出世**。找不到過往營運足跡。

二、**營收一定有變化，毛利率也隨之下滑**，投資人要懷疑這家公司是否出現營運問題，最好小心應對此類股票。公司對此也許有一些藉口，出貨遞延有其不可抗力因素等等，若再深入詢問其對產業展望，公司對自身所屬的產業前景缺乏百分百的信心，也認為產業能見度不高，既然公司經營者都看不清楚產業能見度，投資人為何要買這家公司股票？我們能比經營者更了解他們長期浸淫其中的產業嗎？遇到如上的公司，當然要先賣掉他們家的股票。

公司連續兩個季度營收數字往下掉，要先減碼該公司持股。有些公司改變產品結構，營收減少但毛利率往上走，或是維持以往的毛利率水準，這種案例要另當別論，坦白說，這類公司的股票價量「型態」不致於有太大變化，更不會在高檔爆出大量。

營收與毛利率同時走低的個股，股票型態早就可能有變化，俗諺「春江水暖鴨先知」，股價先行反應利空，敏感的人早就選擇出脫持股，避開地雷。

三、法人持有的股票不能百分百保證非地雷股，但若**法人持股鬆脫，大動作賣出，投資人要將之視為警訊，配合型態面檢視，能判斷法人賣超個股是否為地雷股**。前文提到投信法人買進的個股，加上券商發出研究報告，就代表法人對其基本面投下贊成票，可是，這檔個股的型態面若不對，即使法人看好，還是不能買。

假如法人大舉出脫某檔個股股票，投資人要查清楚法人賣股原因。話說回來，法人也如同散戶一般，會有錯殺個股的時候，法人持股鬆脫，也不一定是個股有什麼大問題，投資人只要嚴肅看待這一警訊，小心查證即可。

四、**公司做重大資產的異動**。一家公司若連廠房、生產線或土地等基本資產都有異動，就必須留意是否正在掏空公司資產。

不過，掏空與借殼上市常常只有一線之隔，有些掛牌公司在被借殼之前，舊有經營者可能要依買方要求，先調整公司從事的產業或做資產異動，但萬一借殼不成，買賣雙方談妥的條件有變卦，原先所做的資產異動，就可能成了「掏空」公司的行為。

發生爭議的公司，未必成為地雷股

不少**上市櫃公司曾躍上媒體或發生爭議，譬如被借殼上市、經營權易主，以及常被主管機關懲處**，投資人不免聽到市場耳語或看到新聞報導，手上也許正好持有這些個股，要怎麼看待發生這類爭議的上市櫃公司呢？

先談「借殼上市」。有些人會另眼看待借殼掛牌的公司，我個人的看法是，好不容易成功借殼上市，絕大部分的經營團隊不會讓公司變成地雷股。

買進上市櫃公司股票，進而轉換經營權，至少要花好幾億元，後續還要投擲更多資金，因此，金主變成大股東後，多半珍惜成為上市櫃公司老闆的機會。就個人印象所及，資本市場的借殼公司變成地雷股案例不多，而且很多金主本身有一家業績不錯的非上市櫃公司，只是不想走掛牌審議繁複耗時的流程，直接買一家上市櫃公司的殼，對有錢借殼的金主來說，以這樣的方式打進資本市場可能較有效率。

投資人要怎樣洞悉一檔個股有沒有人想借殼，並且進一步分析此公司是否值得投資？建議觀察的指標有二項，一是這家**公司有沒有辦理私募籌資**，從私募案中可確定是否真有資金進入公司；第二，金主**有沒有帶著實績灌注到借殼新公司**，此點可以判斷出被借殼公司未來營運與財務數字成長潛能。倘若借殼方根本沒有業績實力，只想買空賣空，藉由資本市場撈一票，這種公司的股票就千萬不要碰。

比較令一般投資人困擾的問題是資訊不透明。才完成借殼的新經營團隊短期內不太可能會讓研究員拜訪，這段時間內，這檔個股在資本市場處於資訊的空窗期而「完全緘默」。當然，也可解讀為借殼後需要調整公司組織架構或營運體質，還不宜對外公開不成熟的資訊，過一陣子，或許就會對外宣布營運實績。

近年在市場很活躍的台鋼集團，經常有入主上市櫃公司的行動，從購併鋼鐵同業像榮鋼（5009）、久陽（5011），更跨足到科技公司，從幾個案例看來，被借殼的公司營運情況未受影響，反因台鋼集團注入業績，營運數字轉佳。

2020年，台鋼集團搶下網通股友訊（2332）經營權，原本支持友訊三名創辦人之一李中旺接手，後來台鋼集團還是換上自家人郭金河擔任友訊董事長。郭金河原是南台灣大型無線網通廠永洋董事長，由他主事之後，友訊與台鋼集團旗下原有網通股易通展（6241）共生共榮，友訊在 2022 年全年營收創下 3 年來新高，幫友訊代工的易通展股價則在 2022 年 8 月創下 6 年來新高。惟 2022 年第三季以後，科技產業陷入供需失調的景氣低靡，再加上友訊品牌逐漸失色，台鋼集團仍需調整借殼公司體質。

其次，來談談經營權易主的公司是否會淪為地雷股，我認為經營權易主的公司變成地雷股機率相對小。進來接手的人都會試圖穩住公司經營局面，但並不代表有能力提升公司業績。

舉台開（2841）為例，台開集團總裁邱復生與他的女兒邱于芸爭奪經營主導權，父親下台、換上女兒，台開經營情況仍未見改善。這就像是飛機已經失控，任誰都很難拉起直往下墜的機體。不過，若是發生另一種情況，即新的經營團隊入駐，或許結果會不一樣。靠一名駕駛解救全機乘客的情節只見於電影，是要整個團隊同心協力，才能全面掌控，一起排除故障，如此或許才有機會度過危機，搶救乘客、甚至讓機體安全落地。

值得注意的是，**如果一家公司頻頻轉換經營權，任何團隊進來都解決不了公司營運問題，這類公司成為地雷股的可能性就很高。**

第三種情況是，常看到證券主管機關對某些上市櫃公司祭出罰則，這類常收到官方懲處的公司，不一定是隱藏的地雷股，但公司疏於內控內稽，在投資評等上當然會扣分。最常被金管會懲處的是金控公司，理專盜用客戶存款、不當行銷金融商品，但這些處罰不致影響金控公司。

5-2 如何辨識投資魔障

許多投顧老師常常口沫橫飛地講述某檔股票很神，飛天遁地的利多數不盡，乍聽之下股民可能很開心，覺得只要買進這支股票，此生離財富自由應該不遠了。殊不知老師們推薦的不少個股最後常常變形走樣，過往因此傷筋動骨的投資經驗歷歷在目，我要提醒大家，要相信的是自己看見的財報、營收、毛利率，千萬別過度相信老師對個股的吹捧，這些都是影響我們投資判斷的魔障，而這一章節就是要告訴大家如何辨識並剷除投資路上的魔障。

從籌碼面檢視股票是「神」是「鬼」

買到好股票讓你上天堂，踩到地雷股則跌落地獄、粉身碎骨。我們都怕魔障遮蔽理性，因為一旦失去理性，聽到股票明牌就進場亂買，這些不理性的投資選擇，下場不只讓你成為接到高價股票的最後一隻老鼠，還可能成為童話故事裡跟著魔笛聲音跳河淹死的老鼠。

本章要告訴大家魔障雖可怕，但還是有方法可以避開，只要使用電腦程式工具，誰都可以從籌碼面切入，比對一段時間內的券商進出情形，抓出鬼怪股票。

第一種情境：一段時間內，主力都透過同一家券商大買大賣某一檔個股。

一檔當天爆出大量的股票，我們可以從券商進出表看出端倪。當天大筆賣單湊巧就來自過去 60 天持續大單買進的券商，此時，應該可以確定事有蹊翹，案情不單純，我們必須拿出辦案精神，小心謹慎應對這檔個股。

第二種情境：過去 240 天，買單分散在各家券商，賣單卻集中在同一家券商。

觀察個股成交量變化的時間拉長到 240 天，一檔股票若在這期間的買單分散在各券商，但賣單集中在同一家券商，就該提醒自己該找賣點出脫這檔股票了。

從籌碼面切入，能夠判別一檔股票成交量爆增，顯示的是什麼樣的轉折訊號。該如何分辨個股是「突破性爆量」，或是「作頭爆量」？這也可以從券商進出情形看出蛛絲馬跡，因為突破與作頭爆量個股，在買賣超的籌碼變化上，並不相同。

舉例來說，某一券商 60 天持續買超某檔個股，該檔股票某天或幾天內突然爆出不尋常的成交量並呈現買超，來源就是同一家券商，對此，便能判斷應該是「突破性爆量」。

有一種情況是，單日買超為隔日沖銷，賣超來源是近 60 天大量賣超的券商，此時便要很小心，可能是要轉折向下的訊號。

追高被套牢，才知遇上「魔神仔」

看到某檔市場熱門股成交量連連增加，投資人容易跟著進場追高，次日開盤，這檔個股的股價震盪，讓人以為交易仍活絡，因此失去戒心。奈何經過震盪後，股價就往下走，很多人就這樣套在高檔，更慘的是個股走勢疲軟，一跌可能就是兩、三根停板。

很多朋友操作股票愛追高，卻無從判斷自己到底買對或買錯，市場上不時會出現「魔神仔」股票，它們洞悉投資人弱點，如影隨形盤踞你我心中。不少操作股票多年的資深股民，經驗雖然豐富，但沒能從籌碼面認清個股買賣籌碼變化，一輩子都甩不開投資妖魔鬼怪的糾纏。

如果有一種情況是，某個產業前景看俏，相關上下游族群各家公司都受惠，類股股價全面走揚，投資人套牢股票若剛好是這種產業股，投資風險相對較低，通常有機會解套。最怕的是單打獨鬥的個股，投資人被這種「魔神仔」股票魅

惑，免不了荷包失血，損失慘重。

有些產業二軍股會混水摸魚，跟著龍頭股上漲，依照個人多年經驗，混水摸魚股不太會急拉漲停，投資人反而會有所警戒。具有「魔神仔」特質的股票，喜歡演出漲停秀，漲停氣勢凶猛、吸引人追進，最後卻讓投資人套在高檔。就像是很多人都想追求一位面貌姣好的女郎，但相處之後，馬上發現她的本質邪惡，根本就是「金玉其外、敗絮其內」的青面獠牙。這種「魔神仔」絕對要迴避，投資股票才能平安順利。

創新產品和訂單必有跡可循

上市櫃公司若發布重大訊息，投資人可以調閱過去資料，是否發表過相同性質的內容，例如重大發明、大訂單，可能公司官網上曾經刊載過相關文章，媒體也有過報導。敝人闖盪市場多年，發現真槍實彈規矩做生意的公司，絕不會有「橫空出世」的創新產品或大訂單，因為投入產品研發或爭取長期訂單，一定是耕耘多年，有其脈絡痕跡。按照經驗，重大發明絕非短期內突然問世。憑空出現的基本面利多，大半潛藏詭異的陷阱。

舉例來說，某家傳統產業公司突然宣布要投入生技業，若公司早有挖角生技團隊動作，或已經設立生技部門，這樣的訊息較有可信度。

反之，這家公司過去從未有任何轉投資生技產業的動作，卻突然宣布要發展生技業，此時就得小心經營層是否只是放消息炒股。比較麻煩的狀況是，有些公司高層對營運方向做了大轉彎的突兀決策，最終反倒衝擊公司營運及股價表現。

例如，有一檔個股南璋（4712）原來從事水產養殖業務，卻宣布轉做智能家電服務，從養鰻魚到智能管家產品的科技服務，產業型態一百八十度大逆轉。南璋於 2019 年底出售水產養殖業務，並收購麗暘科技，對外公布轉型為智能管家產品服務商。這樣的轉型實在太突然，不但公司營運出現虧損，也未能贏得市場認同，2019 年股價尚在 16 元上下，但到了 2023 年 10 月，股價則只剩 4 元上下。

 不盡信公司說法，凡事保持懷疑

有某家公司宣稱接到電動車充電樁大訂單，還估算一支充電樁新台幣 2 萬元，聲稱公司業績將會大好。這種公司隨口一提的基本面消息，投資人都應該心存懷疑，小心求證。

再舉如興（4414）為例，2020 年 Covid-19 疫情肆虐，市場曾傳出公司接到逾億元防護衣大單，短線還以此題材拉抬股價。但仔細想想，以如興的規模，億元訂單占公司業績比例不是太高，不論是公司或股市作手放出消息，都只是像煙火一樣，短線刺激股價，無助基本面成長。

如興本來幫 Levis 等大客戶代工牛仔褲，業績穩定，中

國大陸工廠規模也很大，公司會出問題，是因為「人謀不臧」。

13 億股本的如興公司砸下百億元資金買下玖地紡織，併購案本身就疑團重重，奇怪的是，金管會居然同意公司辦理現金增資，前董事長陳仕修還能找上國發基金，利用產業創新轉型基金名目，成功說服國發基金以每股 18.6 元，共 14.8 億元參股如興。國發基金成為如興大股東，當時引來市場一片譁然，但也因為國發基金的入股，如興成功辦理現增案，順利收購玖地。更加引人非議的是，併購成功後，卻將玖地值錢的部門與資產分割出去。事後追溯過程，根本就像是有計畫掏空如興公司，老牌的牛仔褲代工廠如興也因此一步一步走向崩壞，最後淪為地雷股，相當可惜。

有些傳統產業股，很喜歡對外放出處分資產可貢獻多少盈餘的消息。傳產股的公司說法，投資人千萬不要照單全收，應該冷靜想想，公司賣掉祖產，對公司淨值有利，但對未來每股盈餘（EPS）增長並無幫助。假設該股淨值原為 12 元，

賣一塊土地，可貢獻淨值 5 元，淨值不過 17 元，若股價 20 元，預期賣掉資產後，EPS 有 5 元，算算本益比只有 4 倍，但這只是短線題材，來年還有土地可賣嗎？這樣的個股並不值得投資人持續追進，以市場經歷來看，個股處分資產題材反映在股價表現上，也許有一根漲停板，但重要的是這檔個股前景展望。未來公司沒有一次性處分資產收益，財報數字不再亮麗，股價也無法「有基可彈」。相信公司賣資產的題材而買入股票，風險很大，坦白說，也實在太傻太天真。

第 6 章

凱哥投資心法

6-1 本益比到底如何評估

「本益比」要看產業成長性，通常要是趨勢型成長，市場才能認同個別公司有較高本益比。

舉例來說，IP（矽智財，全稱智慧財產權核〔Semiconductor intellectual property core〕，簡稱 IP）是 IC 設計業的前身，IP 產業沒有景氣好壞之分，這樣的產業本益比可以高到 30 倍到 40 倍，尤其行情是多頭的時候，這數字可能就是台灣電子公司本益比的天花板頂端。而生技股比較特殊，一家公司拿到藥證，公司就會有爆發性成長，而市場也能給予生技股 30 倍以上本益比的期望。台灣股市這麼多產業類股，就只有 IP 業、生技業因產業特性而有相對較高本益比。

大抵來說，電子股本益比以 IP 股平均倍數最高，接下來是 IC 設計股，再來是汽車電子。汽車電子股因為產業仍具成長性，市場能給予 15 到 20 倍本益比。

再來看看**傳統產業，因為產業成長性相對較低，本益比不會太高，一般落在 8 到 12 倍**。而營建股的特色是不會反映未來本益比，只會反映當下本益比，更多人以淨值評估營建股的投資價值，而非本益比。投資金融股也不看本益比，主要看殖利率。

可能有人會問，上面所提到的各產業本益比數字怎麼來的？雖然這是台股市場慣於賦予的一般本益比印象，但我們從教科書上學來的知識是**個別股票合理本益比是 10 倍，以這個數字做基礎，再來檢視公司及所屬產業有無成長性**。比較簡化的方法是，以當下 10 年期公債殖利率及該檔個股的配息率來做比較，若配息率高於10年期公債殖利率，市場當然會給這檔個股較合理的本益比。

依上述觀點來討論大家最熟悉的台積電，看看其合理本益比到底應該是幾倍。這個議題要從不同面向切入，台積電的股價曾因為外在的國際地緣政治、兩岸關係不確定的因素影響而受到壓抑，而以其配息情況而言，歷年來平均殖利率約在4%上下，跟10年期公債殖利率差距不大，2022年的股票市場認為護國神山的本益比充其量10倍左右。不過，巴菲特2022年卻進場買台積電，代表美國股神認為2023年以後的台積電本益比應該會更高，例如配息率可能從4%往上提升到6%，至於巴菲特的預估是不是合理，則視台積電股價及配息後續表現而定，不過巴菲特最終因為地緣政治的風險還是賣掉台積電，個人認為這是股神巴菲特投資生涯的敗筆。

若從產業競爭的角度觀察，台積電在晶圓代工領域的寡占地位，讓法人認為台積電**本益比可以較同類型的其他個股**

再高一點。長線投資的巴菲特於台積電股價跌破 500 元時進場買入，但說實話，台積電每年成長比率 5%到 10%，比汽車電子類股還少，並非成長型股票，不符合高成長個股具有高本益比的通則。

再以股票籌碼流動性來看，**流動性較高的個股可以享有較好的本益比**，流通性差的股票本益比當然則相對較差。

投資股票時若要從基本面考量個股價值，切記**產業成長性**才是計算個股本益比的關鍵要素。個股所屬產業有未來成長躍進可能，才有資格以本益比來評價。

例如金融股的產業成長性並不高，而營建行業因建案並不是年年穩定有獲利入帳，今年業績好不代表明年也有同樣案量帶來豐富收入，這些產業特性造成市場法人無法以本益比評估這類傳產個股投資價值。

暖｜神｜凱｜哥｜小｜學｜堂

跨足傳產各領域的集團股，如何評估集團個股本益比？

傳統產業類股中有些是規模甚大的集團概念股，擴及的產業可能有塑化、紡織、電信、金融、百貨及電商等等，這樣實力堅強的傳統產業集團股能享有較好的本益比評價嗎？

我並非對大型集團股有什麼偏見，但集團股既然多屬傳統產業領域，應回歸產業成長性與本益比之間連動的基本法則，集團股本益比評估當然還是 10 倍上下。而有一種情況可以例外，那就是某些原料缺貨，比起以往歷史經驗或同集團其他個股，產業上游的原物料股可以有較高一些的本益比，只是本益比不會太高，還是在 10 倍上下，約 8 到 12 倍之間。操作原則就是，本益比跌落至 8 倍以下，可以慢慢低接，而本益比超過 12 倍便應該賣股，如果個股股性不錯，股價下跌有支撐並會有一波反彈，我們就可以耐心等待下一輪漲勢。

當你在區間操作集團股時，必須特別注意的是大股東動作，大股東掌有絕大多數籌碼及基本面多空訊息，一般投資人難以掌握大股東賣股票換現金或用大量資金低接股票的時點。通常夢想很豐腴，現實很骨感，小蝦米對抗大鯨魚的戲碼，往往只見於特殊情形或非現實的戲劇當中。

大部分的人都不是以產業長期成長理由買進股票，而只是想在短期內賺取價差。投資人換位站在大股東的角度思考，聰明的公司大股東不會在市場一片看好聲中買進股票，大股東一定在低檔買股，非高檔買進，這是大股東與小散戶最大的差別。

6-2 如何精準掌握進出場時機？

怎麼判斷一檔個股是多頭攻擊時刻或低檔整理的型態？何時該認錯出場？這兩個大哉問的題目，經常困擾股票族。

我對這兩個問題的答案是，**用投資的架構尋找標的股，以個股的型態去判斷進出場時間**，而這也是我一向主張且推薦的投資訣竅。

2022 年的全球經濟局勢詭譎多變，產業結構翻轉，這一年考驗投資選股功力，也適合作為教材，說明如何判斷進、退場時點。2022 年上下震盪的市場，進場買股或認錯退場的時機點，就變得非常重要，為避免追高殺低，要有一套嚴謹的選股邏輯。首先，從全球產經大格局看起；其次，再拉近探究個股及所屬產業基本面，找尋受惠全球趨勢及政府政策鼓勵的產業；最後，配合個股的架構型態，即使法人或公司派指稱個股基本面有亮麗前景，型態不對，也不宜納入選股

投資組合。綜合這些元素及方法，應該可以用來判斷個股位居多頭或處於低檔整理型態。

從經濟、產業結構觀察個股趨勢

2022 年俄烏戰爭導致全球能源或糧食缺乏，而美國帶頭的各國升息循環，卻也無助通膨降溫，全世界通貨膨脹情況在 2022 年至 2023 年達近十多年來的高峰。2022 年以後，全球消費力轉弱，因為物價上漲，一般人購物數量變少，克制過去瞎拚大買的欲望。尤其 2020 年到 2022 年疫情期間，人們買進不少居家辦公或隔離所需的商品，包括筆記型電腦或視訊相關 3C 產品、居家運動器材等用品，解封後，這些消費品的市場需求也趨緩。加上遇到通膨，使消費者實質購買力下滑，商業不振，衝擊整體經濟運轉，以終端消費市場為主力的下游電子業，影響相對較大。

大眾口袋不深，消費力道逐漸衰微，讓企業獲利變少，企業也會減少投資。2023 年不論是消費端或企業端表現都不好，經濟成長恐怕只能寄望於政府公共投資或是政策支持的產業。

例如近年來政府主導的儲能業務、風力發電、電力牆（Energy Wall）、充電樁等產業前景備受關注。

找到正值大投資浪潮的產業

一、政府主導的儲能綠電產業

2023 年上半年台灣的主軸產業之一是儲能綠電產業，推展再生能源就是其中重要的一環。全世界的綠電商人都看見在台灣的發展機會，尤其歐洲業者最積極，他們磨肩擦踵爭相來台，搶著與地方政府合作開發風力發電，國內也有不少大企業投入漁電共生或投資太陽能，使台灣再生能源產業有如雨後春筍般蓬勃發展。

至於大家熟悉的電動車屬於綠能相關產品，卻因偏向消費品性質，仍有諸多變數橫亙在前，電動車雖然是儲電綠能產業鏈不可忽視的重要環節，但牽涉到消費端產品，在市場競爭下，個別公司的業績表現可能受到壓抑。

電動車的市場特性為產業帶來諸多變數

一部特斯拉品牌的Model Y車子動輒新台幣200多萬元，非一般消費者能力可以輕鬆負擔，相對地，裕隆（2201）與鴻海（2317）合作開發的電動車100多萬元的售價相較低，以中產階級電動車為訴求，在消費力下降的通膨時代，競爭機會不容小覷。而特斯拉電動車製造成本低於燃油車，如果繼續維持高價位，沒把利潤回饋給消費者，未來在各種電動車品牌百花齊放的市場裡，特斯拉龍頭地位將受到挑戰，美國掛牌的特斯拉股價也可能不再一枝獨秀。

但是話說回來，除非電動車市場已成為價格競爭的殺戮戰場，特斯拉並不會輕易變成價格導向的品牌，因為「創新」

才是特斯拉的品牌價值，特斯拉最近掌握了創新又啟動價格戰，看來是擁有話語權後，想拉開跟對手的距離。

談到特斯拉在電動車產業地位備受威脅，不得不提到兩個觀察角度，一是高價燃油車品牌賓士、寶馬、保時捷等品牌也紛紛研發電動車，多少會搶走特斯拉原有追求時尚潮流的高消費族群；另外一個觀察角度是，中國市場也有不少新創的電動車品牌，都可能成為特斯拉潛在的競爭對手。值得注意的是，若中國政府不再補貼電動車產業，可能會阻礙中國電動車產業發展，那麼其他國家的電動車廠就能喘一口氣，以舒緩來自中國的競爭壓力。

而電動車產業的大變動，除了美國特斯拉股價受影響，也牽連電動車概念股，例如貿聯 -KY（3665）的 2022 年股價走勢並不如預期。也有部分個股像是生產汽車金屬扣件的恒耀（8349）遭受無妄之災，這家台灣扣件廠技術受到特斯拉認可，是 Model Y 的扣件零組件唯一供應商，也是舊款 Model 3 三家扣件供應商之一。特斯拉電動車升級新款量產

之後，恒耀本應受惠，但特斯拉股價拉回，概念股的股價下挫，恒耀不免跟著跌，由此也看出市場的不理性。投資大眾都先從大方向看產業股，當特斯拉股價震盪之際，市場開始質疑台灣電動車供應鏈相關個股憑什麼股價不跌呢？即使恒耀業績不減反增，股價也被市場看衰。

前面提到疫情過後的全球通膨不利消費市場，部分敏感的投資人早從 2022 年下半年，紛紛避開消費型產業個股，巨大、美利達於 2022 年第四季股價下跌，反映的是消費市場需求趨緩，造成自行車庫存累積待消化。兩家自行車大廠的股價有很長一段時間表現疲弱，市場已經提前告訴大家產業將有變化的訊號。到 2023 年下半年陸續消化庫存之後，消費品相關產業的逆風才慢慢減弱，但是股價也可能提前落底。

二、政府支持再生醫療，相關族群崛起

從 2020 年開始流行的 Covid-19 疫情，打亂全球經濟秩序，2022 年第四季開始，市場便避開消費產品相關股，往政

府主導的產業計畫去選股，不只台灣如此，世界各地投資市場都朝著這個大方向前進。因為疫情，更加深人們對醫療健康的需求，未來不論經濟景氣榮枯與否，人對健康醫療的需求不會減少，醫療相關股票仍是長期可關注的族群。

近幾年，政府積極推動《再生醫療發展法》《再生醫療製劑管理條例》及《再生醫療施行管理條例》等再生醫療三法，後來簡化為只有後兩者的再生醫療二法。本質上，《再生醫療製劑管理條例》就是藥事法特別法，《再生醫療施行管理條例》則為醫療法的特別法，法令規範在前，催化台灣再生醫療產業發展。

不過，台灣的再生醫療發展還不是很完全，嚴格說來，台灣的精準細胞治療都還不夠到位。我們可以想一想，如果癌症真有藥物可以治療，何須精準細胞治療？（其實精準治療多數是設法啟動病人的殺手細胞，讓它產生作用）雖然這其中或許有商機，仍終究屬於輔助性治療方法，一般認為市場不會太大，但有政府政策作為背後支持助力，還是有不少資金及大企業投入再生醫療產業，可以歸類為利基型產業。

值得注意的是，台灣醫藥業界導入 CDMO 生產模式，CDMO 為「委託開發暨製造服務」（Contract Development and Manufacturing Organization）的英文縮寫，指的是各種醫藥品的外包生產服務，涵蓋範圍從藥物到疫苗，藥物開發商透過外包來降低成本、加快產品上市腳步。有些資金雄厚的藥物開發者甚至購併不錯的藥廠，專門提供製業代工生產與服務。簡單來說，CDMO 就是醫療製藥產業代工。

電子代工大廠投入 CDMO

台灣的代工製造能力聞名全球，與歐美國家相比，人工便宜、效率又高；相較開發中國家，人力素質高，很適合切進 CDMO 領域。有不少台灣的製藥生技公司有能力成為全球 CDMO 佼佼者，如鴻海集團旗下鴻準（2354）轉投資的台康生技（6589），就是備受期待的 CDMO 股，而在鴻海集團入主後，只要調整生產線便可接下藥品製造代工訂單。

近年來很多人關注的保瑞（6472），則是以子公司做藥品代工的 CDMO 方式，切入美國市場。保瑞旗下子公司安成藥業自 2022 年 1 月起，以原廠授權學名藥（Authorized Generic）策略，進攻美國治療胃食道逆流用藥的市場。保瑞因子而貴，業績甚佳，2022 年全年營收站上百億元大關達到 103.2 億元，年增率 110.33%，連續 10 年營收都比前一年度成長，年年創新高。

承作 CDMO 業務也不是全然沒有風險，如果已經花費重金擴充產能，卻遲遲沒能接到代工訂單，那麼可能就要坐吃山空。但像台康有自己的藥品品牌，沒接到代工訂單時，先以自己的產品填充閒置的生產線，再加上背後有鴻海集團富爸爸撐腰，不必擔心沒有錢擴廠，台康曾被美國食品藥物管理局指稱生產線未符美國標準，但我認為，這對鴻海集團來說，不是大問題，只要能用錢解決都不是困難的事，改善生產線後，定能達到美國的標準，並接受藥品代工製造訂單。

而保瑞則在 2023 年農曆假期後第一個開工日宣布，子公司安成藥業已依照原定計畫在 1 月在美國成功上市自有學名藥證產品 Dexlansoprazole DR Capsule（即 Dexilant 學名藥），為第一家在美銷售 Dexlansoprazole DR Capsule 之學名藥廠家。根據國際醫藥專業統計機構 IQVIA 之資料，該藥品截至 2022 年全年，在美國地區的銷售金額約為美金 8.15 億元。這種治療胃食道逆流的用藥，在美國市場發展的潛力無窮。

在可預見的將來，台灣藥品製造代工產業可望興起，不會只有保瑞、台康兩家公司，應陸續有成員加入，並在台股市場形成 CDMO 族群。

▌疫情後值得關注的政策概念股

高端就有機會成為 CDMO 族群，這家公司強調的次蛋白疫苗技術來源是美國，未來有足夠的能力代工「疫苗」，我認為高端這檔個股具備疫苗 CDMO 的概念。

隨著新冠疫情傳染情況逐漸緩和，世界各國對疫苗需求量會下降，高端的股價也從400多元跌到2022年年底的70元，股價似乎提前反映公司營運前景籠罩的烏雲。不過，高端就是政策全力扶持的疫苗國家隊，只要有能力研發打造符合規定的疫苗，政府就會盡速發出藥證，除了新冠疫苗，公司也研發腸病毒及流感疫苗。尤其腸病毒疫苗備受期待，果然也在本書撰稿期間，拿到上市許可。高端並非一劑疫苗公司，在台灣腸病毒的流行程度也僅次於新冠病毒。到了出書之際，高端已經完成腸病毒和流感疫苗了。

市場一度關心高端於新冠疫情高峰期間大量擴充的生產線會有閒置情況，但由於政府力挺，並不致於造成高端營運上太大困擾，未來公司行有餘力，也許還能接受代工訂單，使得高端可進可退，既有國家政策支持，兼有發展成CDMO的可能，若去掉非經濟因素干擾，高端仍是一檔具有實力和題材的個股。

積極創新研發能力的生技業，總會令外界對其未來充滿

期待。近年來台灣有些生技公司投入研發癌症用藥，也有針對文明慢性病，提出治療藥方。例如鴻海集團透過鴻準公司投資的台康生技近來著重乳癌新藥產品，切進有潛力市場的藥品代工領域。而像寶齡富錦（1760）投入腎臟病病人染疫後的病情控制、康霈（6919）把糖尿病患者的胰島素針劑研發成為減肥者的消脂針，抑制脂肪的增生。在文明病蔓延的社會，這些領域都很有發展空間。

2020 年到 2022 年，全球都因疫情衝擊經濟發展，各國社會都需要振興經濟，台灣也是如此。政府以公共投資或政策鼓勵產業發展，促進經濟成長，如無意外，從 2023 年以後至少兩年，政策概念股表現都會不錯。

從全球局勢變化，看到投資契機，投資人也因此更能確立選股的核心思想，據此著手布建持股時，或許會發現各檔政策概念股基本面多少有些差異。例如世紀鋼（9958）、森崴能源（6806）有政府支持，被拉進到綠電國家隊，成為重要供應商；而中興電（1513）在台南遇到居民抗爭，卻因為與地方政府互動不夠積極，公司必須自行排除，同樣是綠電儲能股，受政府支持力道卻不一樣。總而言之，投資這類產業族群，就是往對的方向往前走，這些產業有政策使命必達的屬性，不會到不了目的地，只是速度快慢而已。

或許有人會提出異見，過去政策力推「兩兆雙星」，面板和 DRAM 產業族群後來的業績與股價表現都不如預期，究其緣故，主要為兩族群製造的產品多寡最終受消費市場左右，與上述綠能、醫療產業本質全然不同。

至於政策概念股進場的最好時機，則是在政府政策明確之後，例如風力發電便是政府很明確要執行的綠能政策，風電相關公司為政府刻意扶持的產業，這類股票遂成為市場關注的族群。

對比之下，疫情有關的概念股或受惠疫後解封的餐飲、旅遊股，都只能算市場短打標的股而已。

暖｜神｜凱｜哥｜小｜學｜堂

生產「學名藥」的生技股比較沒有爆發力嗎？

創新研發新藥或新療效藥品的生技股常成為市場寵兒，但只做「學名藥」的生技公司，其基本面和股價就比較沒有爆發力嗎？

這個問題的答案是「不一定」，每檔生技股都不一樣。新冠疫情期間，很多生產抗疫藥品或疫情醫療需求用品的生技公司，股價表現很激情，疫情過後，這些飆股不再受市場追捧，短線題材的個股從來就是「威風一陣子，不能臭屁一輩子」。這些因著時機而大漲的抗疫股，股價會回歸基本面，如果只是做「學名藥」而沒有創新研發能力的生技股，終究會淪為受淡旺季影響業績與股價的景氣循環股。

有一種情況是，生產「學名藥」的生技股同時也有能力做 CDMO，投資人可能進一步追問這類公司是否可以脫離「景氣循環股」族群，並享有較高本益比呢？

我的答案仍然是「不一定」，個股情況不盡相同。有些生技公司雖然是 CDMO 概念股，但也要視其代工的藥品而定。一般用藥市價不高，論斤秤兩銷售的藥品，代工廠家毛利不會太高，如果生技公司代工癌症藥物，會因為有些癌症用藥價格昂貴，而有不錯的利潤。代工這類高價藥品的生技公司，其研發創新能力優於一般同業，未來營運成長機會較高，股價也較有表現空間。

暖神凱哥小學堂

缺乏創新的電子股，也歸類為景氣循環股

傳統印象中，鋼鐵、水泥都被列為景氣循環股，一般人以為電子業屬於成長行業，但若缺乏研發創新的電子公司，已經不能算是先進的高科技業。當製造筆記型電腦、個人電腦廠商的毛利率只有 5%、4%、3%，講白一點，這些毛三到四的電子業，無異於傳產業，應該被歸類為類似傳產業的景氣循環股。

創新永遠是公司維持營運高峰的關鍵，尤其是科技產業追求更新更好的研發成果，許多直接面對消費市場的科技產品，面對敵手強勁競爭或消費者不買單，業績極容易下滑，毛利率走低也是必然之事。電子股毛利率少於 10%，且朝遞減方向發展，就不再是市場上期待的高科技股，無法享有較高本益比。拿電動車產業來比喻，如果有一天電動車非常普及，售價很親民，製造商的毛利率只減不增，那就與消費電子股差不多，都可能淪為景氣循環產業股。

更有些電子零組件的售價受銅價影響，實在談不上創新，更像是傳統產業裡的金屬業，假設「類傳產」的電子股個股配息不錯、維持穩定殖利率，或許可抱持「存股」心態投資這類電子股。

以股票「型態」架構，判斷進出場時機

具有政策概念的公司常有一些百億元以上的大規模投資或資本支出，一般投資人無法精準評估風險，而這些公司的財報背後隱藏的訊息，普通股民也無從得知，公司財報也許落後反映業績，甚至有惡劣公司派欺瞞會計師，提供不實財報給投資人。此時，投資人如何判斷持續緊抱政策概念個股，或判斷出場時機，最牢靠的工具就是，我一直強調的股票「型態」架構。

個股高檔爆大量就是危險訊號

股票的型態架構會告訴你，這家公司有一些不太對勁的地方。例如巨大在 2022 年第一季爆大量，到庫存風暴挫低股價，就超過三個季度。投資人看到此案例，應該能夠深深認同，「股價會說話」並非老掉牙的市場俗諺，而是千古不變的股市金句。

不論公司派把個股基本面講述得有多好，只要個股在股價高檔爆出大量並且跌破，就是危險的訊號。投資人在此時就該好好考慮出場時機，我看過不少人在個股股價高檔破均價還捨不得賣，等到虧損賠錢時，才要賣出持股。許多人感嘆錯過股票出場時機，「有賺不走多難過，賠錢賣股那才叫真難過。」這句話足以形容五味雜陳的懊悔心情。

觀察 60 日、240 日的進出籌碼是否有重大變化

分享一個案例，早年，台灣有一家位於中南部的知名機

殼廠，只要營運情況有任何風吹草動，就會出現特定券商對該股票明顯的買賣超變化。再仔細查證，原來特定券商分公司鄰近公司位址、有地緣關係，因為中南部公司老闆或高階經理人通常習慣在公司附近活動，也會在當地券商開戶，因此觀察地緣券商進出情況，就能得知60天、240天籌碼變化，便能判斷公司派對此檔股票的態度。

當年金屬機殼產業正處於成長期，筆記型電腦及手機機殼需求暢旺，不少法人考量產業及獲利等基本面向上成長的中長期趨勢，將這檔機殼股納入持股組合。但除了抓住對的趨勢產業，還必須掌握籌碼變化，再配合此檔個股的架構，若突破短期跟長期的均價，就是進入發動股價上攻的時間點。

不過，法人進場時機多半比市場落後好幾步，如果運用我的方法，看對產業、掌握個股型態，並持續追蹤公司地緣券商幾個月來對該股的買賣進出情況，就能比市場法人還早進場，享受被法人抬轎的快感。

第 7 章

市場實戰策略

7-1 掌握時機抓到飆股

市場上常見到飆股，有些是資金拉抬的「無基之彈」，也有很多飆股「惦惦吃三碗公」，在大部分人還不熟悉個股基本面轉機故事之前，先漲了一大段。很多投資人可能有此經驗，跟著追進買飆股，結果買在高價沒賺到大錢反被套牢，直嘆千金難買早知道。只要是股民都會想買飆股，但如何掌握進場最佳時點，可是一門大學問。

把握機運華麗轉身，雷虎的飆股故事

我在台股市場征戰多年，見過無數飆股，要成為眾人追

逐的熱門股，可能有些共同特點，其中之一就是公司會經歷被人借殼上市、經營權移轉、整頓業務的過程，像是雷虎科技（8033）就是一例。

雷虎公司生產製造遙控飛機、無人機，本來體質不差，只是原經營層花很多心血推廣各型遙控飛機，還設豪華展示空間擺放遙控飛機。不過，遙控飛機市場不大，業績平平；而雷虎另一項產品——無人機的發展卻遇逆風，研發團隊被中國大陸的大疆公司挖走，造就大疆成為全球數一數二的無人機品牌。過去的雷虎成為最大受害廠商，先前業績載浮載沈，公司基本面似乎沒有爆發性成長的可能。不料人算不如天算，大環境逆轉，美中貿易戰發展成為大國博弈競爭，美國封殺大疆公司的無人機產品，令雷虎公司營運前景出現新契機。

雷虎公司本身也發生大變化，經營主導權轉換至愛之味耐斯集團。傳統產業集團進入雷虎，有辛苦的磨合轉型過程，也脫離不了傳產集團的思維，愛之味更改雷虎營運架構，並將愛之味產品中的瓶蓋訂單交給雷虎。所幸雷虎公司原本體質不錯，耐斯集團也還維持雷虎原先朝向遙控飛機及無人機領域發展架構。就在美國使出殺手鐧堵住中國科技產業之際，雷虎趁機切入市場。

雷虎先從遙控飛機灑農藥開始，接著運用遙控飛機作為監測工具，之後擴增業務，承做政府專案，逐漸轉型為軍工概念股。2021 年的 10 月 5 日，當時的副總統賴清德參訪位於台中工業區的雷虎科技生產線，特別關心該公司新一代無人機與醫療器材研發結果。經過一年，2022 年 10 月 31 日，雷虎推出「尖端長程無人直升機」計畫，通過經濟部「軍民通用無人機能量籌件計劃」審議，開發作戰半徑達 200 公里的大型軍民通用無人直升機 T-400，正式進軍國防軍工產業。雷虎也因此成為生產軍用無人機的軍工股，也是國家隊的國防概念股。

從雷虎的股票型態來看，周量爆出大量是在 2021 年 6 月 17 日，股價向下同步洗籌碼，一直到 2021 年 9 月 16 日再度爆大量，將三個月前的那一根大量線型整個吃掉，從此處便開始醞釀攻擊發起。股價從 19.8 元最高漲到 49.6 元，漲了兩倍。

再來觀察雷虎的籌碼，近 60 日買超雷虎張數最多的時間是在 2022 年 11 月 2 日，買點價位約 24.95 元，近 60 日賣超最大量日期為 2022 年 11 月 28 日，價位約 42.35 元。以此價差來看，順勢操作者有一大段獲利空間，買超最多的券商是元大證某分公司，由於買進價位低，仍有獲利。

接著看型態，雷虎的大量低點都還沒跌破，但大量的中值還沒站上，當股價再度站上 41.9 元，就要準備再發動，並有機會再過前高。

市場預估雷虎拿下政府軍方的無人機訂單，可能還會有一波股價上揚。到 2022 年 12 月底為止，整體投信法人對雷虎的持股是「0」，由此可以得知，投信法人後知後覺，有如「大散戶」。而雷虎於 2023 年 2 月 20 日公告與陸軍後勤指揮部簽訂軍品契約，軍方向雷虎採購微形無人機，市場預期的基本面利多確實發生。2023 年 2 月 21 日，在偏多消息面激勵下，雷虎股價開盤一飛沖天，站上 52.5 元的漲停板，騰雲而去的雷虎仍在多頭架構。

以雷虎的案例來看，一般人其實也能抓到飆股，就看投資人對個股邏輯及型態的掌握是否正確，在飆股未發動股價攻勢前，運用對的邏輯和型態，再加點耐心，切忌手上的持股籌碼不要被市場洗出去。

後疫情時代注重保健，葡萄王成夯股

來談談另一檔後疫情時代裡備受矚目的葡萄王（1707）。

疫情期間人際減少接觸往來，靠人直銷的業務大受影響，而葡萄王生技旗下的葡眾企業直銷也不例外。預估解封之後有利直銷活動，葡萄王業績應有成長空間。

在疫情後半階段，我曾帶領今周學堂學員進行企業參訪去了葡萄王，沒多久統一企業（1216）用每股 170 元價位參與葡萄王以私募方式辦理的現金增資，藉此強化統一與葡萄王於保健品領域的合作，這種聯盟關係可說是「強強聯手」。葡萄王旗下的葡眾公司除了直銷保健品，還能透過統一超商全省逾萬家門市通路增加銷售，統一原本未見起色的保健品業績生意，也有機會跨大步前進，不只在台灣市場，還有更大的中國市場待開發。投信法人 2022 年 12 月中旬以後慢慢買入，建立葡萄王持股部位，雖然 2022 年 12 月底葡萄王股價每股收在 168 元，但到 2023 年 2 月 21 日為止，股價已衝破 170 元，以 176 元作收。

投信法人買入時間點都不算早。攤開 2022 年 12 月底之前的葡萄王股價走勢，2022 年 11 月 8 日葡萄王股價 127.5 元站上短 K，並開始發動股價攻勢，此時法人都還沒買進。2022 年 12 月間，葡萄王已爆出大量，大量高（價）則在 161 元，比起 11 月，爆量且股價又漲。股票價量表現透露的訊息是葡萄王的多頭在12月底還沒結束，仍會走一波較長遠的股價上漲之路。

有統一集團大股東做堅實後盾，葡萄王已非昔日吳下阿蒙，我們試著站在大股東角度來思考，統一以每股170元認購葡萄王私募的現金增資股，投資三年，若用每年10%的複合成長率計算，股價應從170元漲到226元，統一的投資才划算。循著這樣的邏輯思路，葡萄王的股價似仍有期待向上的空間。

7-2 投資上的長短電網

在投資股票時，我會設定長短電網，讓自己更能判斷個股的多空型態。短電網是周概念（以 5 日大量均價），長電網為月概念（以 20 日大量均價）。一檔個股跌破周線，**棄守短電網，股價攻勢一定會休止，但若代表長電網的月線也跌破，就不只是股價休息而已，可能會進入整理階段。**

實際操作股票時，要確定**個股型態是否偏向多方，必須是 10 日、20 日、60 日的均線都要向上，股價更同時要站到短電網、長電網之上，這些條件缺一不可，**據此判斷個股已是多頭型態後，再看法人進出及籌碼變化。既是多頭型態，又有法人加持，就能為這檔個股加分，若再有個股公司所在的地緣券商買進，就更加完美了，這檔股票定能納入投資標的股的行列。

假使買進的個股為多頭型態，但投信法人未持有，研究個股籌碼架構時，發現地緣券商也沒買這檔個股，此時就要小心應對，這檔個股可能是短線行情。但有興趣短進短出的投資人還是可以操作，只要短線電網仍然有守，都可做短線的多頭操作。反之，當這檔個股跌破短電網，20 日均線開始往下彎，就是該股進入大休息的時刻。

長短電網的操作要搭配觀察法人籌碼變化，有法人介入的個股，多方就較能確立，如果投信法人減碼個股，投資人便可順勢放空。說穿了，長短電網操作手法並不複雜。

穎崴與嘉澤的長短電網小故事

半導體測試介面暨設備廠穎崴（6515）於 2022 年 11 月 25 日爆大量收長紅 426 元，歷經拉回測試這根大量低點 392.5 元，直到隔年 1 月 17 日再度突破這根長紅 K 棒高點，一路過高在 2023 年 3 月 24 日再度出量，股價收盤股價 746 元，如今已經破這根大量低點 731 元。如果從長短 K 電網概念來看，穎崴在 4 月 12 日出現偏空型態跌破長短 K，短 K 在 786 元、長 K 在 760 元，需提防穎崴股價下跌。

另一檔個股嘉澤可以當成穎崴的對照組，讓大家更能理解如何用長短電網挑選股票。

2022 年 12 月底為止，連接器大廠嘉澤（3533）股價走了 3 年多頭，從月 K 線來看這檔個股，大量出現在 2019 年 8 月 30 日，從當時每股 264 元之後，沒有爆出更大交易量，股價一路向上攀升。2022 年年底前最高爬到 774 元，但行情沒有結束，投信法人仍然少量加碼。

嘉澤產品主要為伺服器、個人電腦、工控、汽車及醫療等廠商提供各式連接器及連接線。在伺服器、電腦及筆電方面，大多與蘋果 Apple 品牌相關，且終端市場偏商務型而非消費大眾，因此，2022 年下半年消費性電子產品需求減弱，嘉澤受到的衝擊相對較少。不過，嘉澤還是多少受淡季影響業績，股價表現也處於下跌修正階段，於 2022 年 12 月 14

日漲到高檔 931 元後，隨後走低，那時候的短 K 在 902 元、長 K 在 844 元，12 月 19 日連長 K 也跌破，到 2023 年 1 月股價修正到 800 元上下，並於此盤整，2023 年 2 月重新站回長短 K 價位。

暖｜神｜凱｜哥｜小｜學｜堂

個股股價會因現金增資受到影響嗎？

我們以嘉澤為例，談了長短電網的意涵，值得注意的是，2022 年的 12 月正是嘉澤正是營運淡季，當時股價反映基本面因素而下修整理。嘉澤於 2023 年 3 月中旬辦理現金增資，一般說來，一家公司辦理現金增資之前，市場慣例是會有特定買盤拉抬股價，以吸引投資人認購現增股，並因此有利於現金增資案籌資。但嘉澤的股價沒有明顯變動，這樣的現象代表公司以平常心對待現金增資案，並不擔心股價下跌影響正在進行中的現金增資案計畫。根據新聞媒體的報導，嘉澤 2023 年的伺服器業績會比 2022 年成長三到

四成，我們可以解讀為公司派對自家基本面發展很有信心，若散戶認購情形未如預期踴躍，公司大股東或經理人隨時能接手。

有一檔個股宏旭 -KY（2243）也差不多在那時候辦理現金增資，宏旭製造汽機零組件，針對已出廠汽車的零件汰換需求，鎖定汽車零件市場。這家公司辦理現金增資案，股價短期走多，2022 年 12 月中旬開始逐漸向上攻堅，從 12、13 元到 2023 年 2 月 28 日漲至 19.4 元左右。

同時期辦現金增資，情況卻大不同，我們可以大膽地說，現金增資案前後，兩檔個股的型態是，宏旭走短多的長空，嘉澤則為短空的長多。

Part III

研究員養成計畫

第 8 章　研究員成長之路

第 9 章　人人都有成為研究員的潛力

第 8 章

研究員成長之路

8-1 研究員的學經歷背景

我家社區搬來一位新鄰居，為了敦親睦鄰表示友善，我先送禮歡迎他，這位新朋友也很有禮貌回禮，他的禮盒上面放著一張名片——某美系券商研究員，想不到，這名新鄰居是我的同業。

看到這張名片的當下，我陷入過去回憶，也有些許感慨。曾經待過外資機構的我，現在還認識多少外資研究員呢？2、30 年來，市場上的股票雖有變化，產業彼消我長，不過，大部分股票都還在黑板上交易，但研究員卻一批換過一批，很多人都已退休，當然也空出許多研究員及經理人的職位。

若沒有台、清、交或碩士班學歷，除非運氣很好，否則要進入券商或投信公司當研究員是件很困難的事。但有興趣朝研究員之路前進的年輕人，無須灰心，只要立定明確的目標，還是能一步一步達成既定的職業生涯規畫。我建議可以先到規模較小的券商當研究員，摸熟幾個產業之後，甚至看過幾個產業循環後，有了產業分析的資歷，等於拿到門票，此時便能擁有主動權，可選擇跳槽到那一家大型券商。

有大型券商研究員工作經驗後，再想換到投信等法人機構工作，就比較容易。一般來說，大型券商對研究員有扎實的產業研究訓練，不像中小型券商還是傾向出刊挖掘股市明牌的報告，但不論待在大、中、小型券商，市場永遠有研究員職位空缺，需求常在。

從整體產業的角度來看，大型券商、投信公司有如人才割草機，只要累積一點經驗，稍微冒出頭的研究員就會被挖角，大型法人機構收割人才的速度超乎預期。

本土與外資研究員是兩條平行線

市場研究員頻繁汰換輪替，有如走馬燈，本文一開始，我提到某美系大型券商研究員成了我家新鄰居，我卻完全不認得他，我認識的外資研究員都離開市場了，當然，這其中隱含市場大環境變化因素。台灣市場正在弱化，陸股活化、成長，很多外資券商把研究部門設在香港，此舉既可看中國市場，也可以兼顧台股。台灣的外資券商員工職缺越砍越少，或者撤出台灣，新一代的台灣研究員很難有機會進入外資券商工作。

不過，外資券商研究員必須具備一定條件背景，例如，本地最好大學像台、清、交畢業生，或有海外求學、就職經歷，甚至不少是生於美國的華裔移民（ABC）。除了財經專業，最好還是工科出身。外資研究員通常掛助理副總裁頭銜，有其封閉生態圈，很少有外資研究員跳槽到本土券商、投信公司，本土研究員也不太會跳槽到外資機構。也就是說，一

開始若選擇不一樣的方向，本土或外資研究員的職業生涯之旅，將會是兩條平行線發展。

研究員不看盤只寫基本面報告，行嗎？

不論是在本土或外資券商，研究員人力組織架構都是堆疊式金字塔型狀，底層研究員人數較多，菜鳥通常要有 3 到 4 年做例行且枯燥的工作，早上做晨報、盤中寫報告，下午 call 公司，回家繼續寫報告。

早期不少券商要求研究員不要看盤，有些券商直到現在仍維持這種規矩。撇開主力介入或題材發酵以致爛公司有好股價特例，要研究員專心研究個別公司，切割股價與公司營運、財務與產業發展，這種做法有很大問題。因為股價跟公司好壞有一定相關，研究員不理會股價行情變化，跟市場脫節，而寫出冷門產業報告，可能是浪費時間做白工，徒勞無功。

菜鳥研究員多為初入社會新鮮人，大部分人沒有證券股票投資經驗，因為是白紙，全按照長官指示行事。進入公司1、2年後，菜鳥研究員發現自己模擬的投資組合績效很差，投資組合中沒有會大漲的股票，也許頂多一檔個股漲20%、30%。部門長官卻可能稱讚菜鳥研究員，「相較定存報酬不到2%，有此成績已經算很好了。」

一開始，菜鳥研究員可能覺得長官說話不無道理，後來冷靜想想，市場動輒漲幅四、五成的股票，自己的投資組合裡為什麼都沒有呢？自己研究半天，怎麼都沒注意到這類股票？

我認為菜鳥研究員養成教育過程，並不適合過度切割市場股價與公司基本面關聯，否則擔任研究員3到4年後，若要開始操作持股部位，可能無法立即接手。不論操作券商自營部位或基金，研究員正式成為操盤人之前，會有模擬操作階段，若乖乖照著上司指示，一入行就接受切割股價與基本面的訓練，恐怕連模擬操盤都過不了關，又要回到研究員工作而無法擔任操盤人。

無法通過模擬操盤的研究員，有可能是運氣不好，正好遇到股市行情不佳，影響操盤績效，但也有心理素質不適合操盤工作的人。我有一個朋友做了十多年研究員，從來沒有真槍實彈上場操盤，因為他覺得操盤好可怕。

提前累積經驗，積極展現即戰力

如果想進入研究員這個行業，建議從學生時代開始規畫未來，大學時就加入證券研究社，寒暑假爭取到產業實習機會。例如到塑化廠了解製造流程、工繳費的計算，獲取券商研究部門也學不到的產業知識與「眉角」，提前設定目標有計畫地接觸相關職場，才能在未來 3 到 4 年的研究員生涯裡有優秀表現。

爭取研究員工作也有小技巧，除了一紙學歷文憑之外，部門主管並不了解你的其他職能，此時應該展現積極態度，

例如試寫投資報告、整理過去研究產業的資料，讓面試主管了解自己就職後很快能夠投入戰場，因為主管不一定有時間帶新人，更不見得熟悉每個產業，能直接上線工作的人免去部門主管訓練新人的麻煩，會更容易被錄取。

深入閱讀活用要訣，少年股神稱號不遠

我希望透過這本書，讓想進入投行及市場的年輕人了解入行要訣，順利拿到研究員職缺，也要提醒年輕人認清台灣研究員行業現況與發展極限。不過，這個職場是個很好的訓練營，應該在此行業快點冒芽，讓自己早點「畢業」，收割自己的學習成果。

從事研究員工作，寫文章、整理報告並不是重點，重點是投資該檔個股要能賺錢。股票要趕快賺錢有「眉角」，目前已有 AI 系統，協助收斂很多不需要的雜訊，也不必太理會個別公司的營收表現，如果型態不對、公司還沒有要發動股價，反而刻意發出偏空消息，這代表公司還在市場上收購股票。如果此時還要出版這間公司的報告，不論建議買進、賣出，其實都沒有意義，必須等到股價收斂結束、準備發動時，再出買進報告，這樣才有效率、贏得市場掌聲。

利用本書介紹的方法，可以讓你掌握快速操作的邏輯跟想法，如果深入閱讀，活用要訣在股市賺到錢，講白了，也不必去券商上班了，又或者到券商當研究員也不必待個 3、4 年，可能做 1、2 年就可以提早離開，因為你就具備少年股神的基本條件。

8-2 法人圈不能說的祕密

法人圈裡，管理資產、負責操盤的經理人長江後浪推前浪，從 2000 年到 2022 年，至少有三波較大規模的離退潮。這些現象背後，有些不足為外人道的故事。

股市弊案造成劣幣驅逐良幣現象

我還在經理人任內，業界已經走了一波資深經理人，在我之前的投信經理人常被傳出與市場主力混在一起，繪聲繪影，爭議很多。當時政府並未偵查經理人弊案，那一批經理人賺飽離職，可能疑似涉炒作或內線交易，卻缺乏法令規範，最後不了了之。

2013 年，爆發瞿乃正等經理人代操政府基金弊案，這次的經理人離職人數最多，直到 2020 年發生勞動部官員游組

長與外部經理人勾結事件，首次有官員涉入其中。這一場風暴，使得前兩波沒離開的資深經理人也都選擇走人，形成第三波大型的經理離職潮。

很多經理人歷經台股多次多空洗禮後，發覺自己已經具備不錯的研究功力與操盤技術，不禁會思考職涯規畫，為什麼要被投信公司綁住？不如離開大機構，自營操作或操盤家族基金比較自由，也不易觸犯日漸嚴格的證券監理法規。這種現象還沒有端上檯面受到大眾注意，只能算是行業裡眾所皆知的公開祕密。

厲害的經理人不願待在投信公司，已成投信圈普遍現象。經理人可能自立門戶，或到證券商自營部門、銀行、產壽險公司工作。不過，金融機構因為幾次經理人弊案後，對經理人的制約變得格外嚴格。另有些投信公司還出現很奧妙的情形，他們應徵經理人不求績效好壞、操作手法是否出色，而以潔身自愛為最重要標準。

 投信業人才流失影響市場走向

投資人將錢交給投信基金公司，但公司不讓厲害經理人操盤，反而只要績效平平，不出事就好。這樣的話，大眾為何要把錢交給基金公司呢？這和投資人直接買 0050、0056 有什麼不同？

投信公司擔心經理人績效超越大盤，成為市場明星操盤人，之後會有來自外界各種誘惑，可能會有涉入內線交易風險。投信公司一朝被蛇咬，十年怕草繩，用低標選才，首重基金經理人操守，不追求績效表現，長久下來，主動型基金缺乏優秀經理人才，基金績效自然不會太突出，也不能吸引投資人認購，以致於無法擴大基金規模。這時不需要經理人操盤的 ETF 趁勢崛起，被動型基金規模持續成長，彼消我長，投信公司早已將業務重心移轉至 ETF。

基金 ETF 化確實動搖國內投信基金行業的根基，但經理人薪酬不合理，人才未受到合理的待遇，則是基金業長期存

在的問題。外資新進研究員年薪從新台幣 400 萬元起跳，國內資深經理人最多月薪 15 萬元起跳，年終加紅利，一年薪資約 275 萬元。投信公司每年獲利甚高，卻不想多花一點錢雇用經理人，是不是反而逼著經理人去做不該做的事？

基金經理人固守投信公司藏寶庫，鎮守寶庫四大天王拿的是一般神兵待遇，能力強的天王當然覺得乾脆花心血充實自己家藏寶庫比較合算，因此容易觸法。假如一開始就拿到天王級待遇，經理人得到尊重，也不會自砸飯碗，損及聲譽，投信公司更因此能規避人謀不臧導致的營運風險。

從另一個角度來看，投信公司難道沒有利誘基金經理人觸法的責任？公司提供經理人很不錯的職位，卻沒有給予相對應薪酬，徒有一身本領的經理人缺乏為公司賣命的動力，把持不住的經理人甚至可能鋌而走險。經理人出事後被迫離職，雖然不值得原諒，但以游迺文事件來看，主管機關官員暗示或明白要求一起配合，過程中，基金經理人恐怕有許多無奈的妥協，甚至是半脅迫被逼著觸法，讓不少經理人覺得很冤枉。

台灣資本市場的育才、留才困境

在台灣，研究員、經理人的職業生命不長，幸好辭去研究員工作只算離開狹隘定義的法人圈，其實大型券商服務的法人客戶除了基金公司，還有上市櫃公司及投資公司，他們都算是廣泛定義的法人。前文提及不少基金經理人或操盤人離職後自立門戶成立投資公司，這些經理人仍然以廣義法人身分繼續投資操盤，活躍於廣義的市場法人圈。

一個研究員或經理人養成前階段非常辛苦，可惜養成之後，投信、券商卻沒有好好守護及運用人才，不少人剛冒芽，還沒結成果實便離開券商投信行業，台灣資本市場難有長期育才、留才規畫。長遠來看，這也足以左右台灣資本市場走向，譬如投信公司可能因為缺乏研究員或經理人，寧可發行被動式基金 ETF，而避開主動式股票基金。

國外有以操盤人名字成立的同名基金，操盤人更是在該檔私募基金裡投入自有資金，而認購此基金的投資人，看重的是掛名操盤人績效而非基金公司名號。國外研究員到操盤經理人的職涯發展，可以用一生去鋪排，可惜國情與法令不同，台灣基金經理人長期發展的土壤貧脊，研究員、經理人工作賞味期很短，想入行者要有心理準備，一定要提前規畫好「畢業」出路。

暖｜神｜凱｜哥｜小｜學｜堂

游適文弊案為何選遠百為炒作標的股？

游適文事件牽扯到遠百（2903），但這檔個股體質其實不差。當時政府代操基金買入遠百時，遠百信義 A13 即將開幕，市場預期此題材會助一臂之力，遠百股價後勢可為。事過境遷之後，回頭檢視 A13 是否有當時評估的價值，從後續價量型態表現來看，A13 價值可能被高估。

位處台北市信義區百貨林立的一級戰場，遠百 A13 憑藉什麼優勢在此立足？除了一樓超大的 Apple Store，還有樓上的頂級豪華電影院，以此號召吸客。但是 A13 中間百貨樓層無異於其他百貨公司，遠百有的，其他百貨公司都有，遠百如何做市場差異化凸顯價值？ A13 開業題材一波新鮮感之後，市場便回頭檢視價值：百貨一級戰區人流、車流很多，遠百 A13 停車場設計為單一車道，不利會車，還要排隊進停車場，A13 在車主心中的價值霎那間受到質疑，不符合一般人對頂級百貨公司期待目標，股價當然也受影響。

勞金局（勞動基金運用局）官員游迺文、同夥的基金經理人若基於 A13 開幕題材買遠百，似乎問題不大，但經查官員與寶佳集團內部人士勾結，政府代操基金經理人配合外鬼，硬是拉抬遠百股價，確有炒作之嫌。為了此案而離開投信公司的基金經理人，可說是犯了最傻、最不可原諒的錯誤，也引起國內第三波經理人離退潮。

資深經理人的其他出路與挑戰

基金經理人不時更迭，業界面臨人力流失問題，留不住資深經理人或研究員。市場上還留有資深研究員的公司並不多，2023 年為止，凱基證券還有幾位研究員是很資深的，但其他券商或投信、投顧似乎少有資深研究員、經理人。

研究員或基金經理人是一個較為封閉的職場，大部分投信公司總經理不是操盤人出身，而是來自於業務部門，因此不會干預基金操作部門，更將基金操作全交由部門主管指揮。但經過幾波研究員、經理人的離退潮，職場人事頻繁異動有如走馬燈，就連研究部門主管資歷也都不夠資深，老菜鳥帶著小菜鳥一起闖盪市場，根本談不上經驗傳承。

業界資深經理人通常有兩類型的出路，一是自立門戶開設投資公司，用自有資金或向股東募集的資金在市場操作。投資公司或向特定人募資的私募基金不必遵從公募基金監理法規，就像上市櫃公司財務操作部門，只對股東負責就好，經理人操作空間很大。

出路之二是被延攬到上市櫃公司任職，大樹之下好乘涼，上市櫃公司有些資源，因為身在產業鏈，更直接從上下游供應鏈查證產業現況與運作實際情形，容易獲取直接的第一手產業訊息。

當然也有部分經理人水土不服。投信基金經理人或著名分析師在己身領域也許是一方之后或霸主，到上市櫃公司後可能就只是小部門主管，除了決策權限不大，也許還會有「度日如年」的感覺。經理人過去在證券、投信法人圈看到市場隨著產業變化，節奏很快，可是在上市櫃公司內推動各種專案或整併計畫的時程很長，經理人容易適應不良。

暖｜神｜凱｜哥｜小｜學｜堂

南北兩大購併集團的作風差異：台鋼、佳世達

經理人被挖角到上市櫃公司，很可能會被指定整併案的執行。在此先岔開話題，大概描繪這幾年台灣南北兩大整併集團的面貌。一是市場熟悉卻比較沒有聲音的佳世達集團，另一個是南霸天台鋼集團，旗下上市櫃公司不少於十家，從原本鋼鐵業跨足到電子業，規模還正在擴張中。

兩大集團作風不同。台鋼集團在購併公司後，會對被併公司做一部分的業務主導，並引入台鋼認定的合適人選進入被併購的公司。

不過，購併方主導被併公司營運，必須確保派任對的人進駐被併公司，若是不合適的人選，則需要磨合許久才得以彰顯購併效益。

比起台鋼，佳世達傾向留住被併公司原來的經營層，頂多挹注資金或採購原料，南北兩大集團在市場上評價也因此有很大不同。

法人圈的亂象

法人圈亂象之一：自營商、經理人屬性相似，證照不同

在券商自營部門要有高級業務員（以下簡稱高業）執照，擔任基金經理人不必有高業執照，但有投信投顧專業人員執照就可以。換句話說，自營部門操盤人跟基金經理人做的工作都一樣，為何不整合成一張執照就好？

不管是基金公司或證券公司，其屬性本來就有點像，在證券公司做資產操作，身分跟基金公司操作一樣，為什麼要兩個不同的執照呢？是否簡化成一張執照就夠了？

▌法人圈亂象之二：空有分析師證照的投顧老師攪亂市場秩序

國內分析師證照制度也很奇怪，很多投顧老師擁有分析師執照，但他們大多數沒有當過研究員，能懂產業嗎？主管機關看小放大，放縱這些老師族群，任他們在市場上隨便亂講話報明牌，2023 年上半年星宇航空（2646）股價曾衝到 50 多元，報明牌的投顧老師沒有貢獻嗎？

到 2023 年 5 月為止，由金管會核准之證券投顧有 85 家、投信有 38 家，經濟部登記的投資顧問業務的家數卻高達 5 萬 6,990 家。非特許事業的「投資顧問業」是採取登記制、不是高度監理的特許事業，依規定，「投資顧問業」是提供投資市場大方向，但不得有推介有價證券，其與「證券投顧業」不同。此外，投資顧問業不得宣稱自己是核准特許投顧業，不過，可以說是「合法登記」業者。

根據統計，經濟部登記的投資顧問業務的家數，從 2020

年的4萬7,190家，成長至2023年5月的5萬6,990家，等於3年成長近1萬家。

多不勝數的投顧老師常常只有一張分析師執照，根本沒待過研究員、經理人、操盤人相關職場，便可隨意在市場上發表高見，吸引股民投注大筆金錢。但很多投資人沒有賺到報酬，甚至不少人血本無歸，之前有些投顧老師甚至被人拖走毆打，股市投資演成暴力事件，凸顯了投顧公司弊端不除，有可能釀成令人遺憾的社會問題。

空有證照的投顧老師其實就是從外行到內行圈子，當然會害到很多散戶，推薦的個股也是市場反指標。只要投顧老師喊買的個股，就得找賣點，若是個股型態及基本面仍值得介入，可以等投顧老師賣出後，再伺機而動進場買入個股。

我對解決市場投顧老師亂象有些想法，與其讓空有執照沒有產業背景的投顧老師攪亂市場秩序，還不如嚴格掌控取得分析師證照的資格。我建議把券商操盤人需要的高業執照，跟投顧投信專業人員證照合一，再加上在此行業工作的年資，才能取得分析師資格。要有一定的市場及產業歷鍊再來當投顧老師，才不致於推薦太過離譜的個股。

暖｜神｜凱｜哥｜小｜學｜堂

個股題材炒作生物鏈：文學院做文章、商學院捕風捉影、工學院被軋空

財經記者多半是文學院出身，受訪者大部分是商學院出身的人，而商學院的人講述的故事經常來自工學院，但市場反而相信添油加醋的故事，股價先衝一波再說，2023 年第一季，創意（3443）股價表現，就是甚有代表性的個案。

2023 年第一季，創意在半導體產業景氣還在打底時，股價卻先行。試想，半導體廠裡面的工學院出身的工程師，看到整體產業未有起色，創意卻做無基之彈，當然會想要放空創意。文學院出身的媒體記者報導產業已經明顯復甦跡象，故事內容對產業發展的未

來描述是一片大好，由商學院組成的操盤團隊捕風捉影進場買股，接下來便軋死放空的工程師。

台灣股市高捧 AI 概念股，創意股價因此題材大漲。讓我們冷靜思考一下，生產 AI 晶片的兩大廠輝達（NVIDIA）、超微（AMD）會向創意下單買 IP 嗎？創意真的會因此商機無限嗎？而各種裝置普遍設有 AI 的時代真的到來了嗎？仔細斟酌這些提問的答案，便可理解工程師被不理性市場軋空的冤屈（註：本書出版前，創意法說會對外承認，並沒有輝達及超微相關的 IP 訂單）。

第 9 章

人人都有成為研究員的潛力

9-1 財報解析

投資選股的過程，有時候可能需要練功，提升戰鬥力，其中「財報解析」就是基本功，更是必備的本質學能。想在投資路上更為順遂，投資人也必須跟初入券商、投信公司的研究員一樣，學習利用一些準則探究財務報表，以便深入了解個別公司的獲利表現，並挑出適合買進的好股。

解析財報準則：三率三升

大多數法人解析上市櫃公司財務報表時，常常強調要能夠「三率三升」，才算是好公司。沒錯，「三率三升」確實是投資界拿來檢視上市櫃公司財務報表的基本準則。也有些財經專業媒體甚至例行性地一季報導一次「三率三升」選股專題，可見這樣的選股邏輯深受讀者歡迎。

「三率三升」簡單說就是毛利率、營業利益率（營益率）、稅前淨利率（淨利率）持續三季的成長。而在解析財務報表時，須同時觀察毛利、淨利及營益率的走向，才能準確掌握一家公司的獲利來源、結構，與未來獲利成長的可能性。

常見到不少公司的毛利率很高，卻因為製造產品的料工花費較多，淨利率減少。也有公司的獲利靠業外收入挹注，例如買賣股票、債券、基金或外匯金融商品，或許在短期間這家公司獲利表現超乎預期，但深受金融市場行情上下波動影響，要維持連續三季獲利大幅成長，並不容易。

一般人談「三率三升」個股可望有較堅實的財務基本面支撐，此想法多半是用過去的模型推算未來的數字，這或許是不錯的參考資訊，但並非唯一或絕對的準則。就像當今流行的 AI 軟體 ChatGPT 透過數據模型推算各種問題的答案，可是經過實驗之後，發現 ChatGPT 沒辦法準確回答問題，絕大部分內容只限於參考，遑論預測未來。

2022 年全世界經濟及產業景氣有巨大變動，新冠疫情在上半年仍然嚴峻，下半年逐漸緩解，2022 年第三季開始，全球經濟情勢反轉，如果用 2022 年上半年毛利率、營益率、淨利率為基準，讓電腦系統海撈三率三升個股排行，依此排行進場買這些個股，投資人有很大的機率會陷入慘賠泥淖。

但有趣的是，當產業景氣循環向下時，個股獲利不如公司預估，股價遭市場打壓，本益比相對變低，此時反而吸引不少買盤進場布局這類股票。回顧 2022 年，台股就處於這種景況。

三率三升選股條件，要配合個股景氣循環及股價走勢

我認為揀選三率三升股時，**個股產業景氣、股價等條件應納入考量。首先，留意個股位處景氣循環的高峰或低谷，此變數也影響個股毛利率、營益率及淨利率表現。其次，要觀察股價是近 3 年的相對低或相對高點。**最好的狀況是個股尚未發動股價攻勢，股價在低檔，再加上毛利、營益及淨利率三個季度往上走，公司較能抱持偏向樂觀的態度，也代表產業正在好轉，甚至伴隨而來的是公司擴張營運而募資。如無意外，公司股價將會偏多，這類型的三率三升股才可能真正賺到錢。

在此以三檔電源管理 IC 族群於 2022 年發生的故事，讓讀者更進一步了解個股三率三升、產業景氣及股價之間微妙關係。

致新、茂達及來頡的故事

致新（8081）2022 年第三季符合三率三升指標，但如果不研究它的產業變化就買進，可能會被套得很慘。

致新的主力產品為供應筆電、電視使用的電源管理 IC，和所有同業一樣，2022 年市場表現超乎預期，大家對景氣展望過於樂觀，經營者也沒有意識到是突如其來的訂單爆增造就亮麗業績。孰料 2022 年上半年缺貨的筆電、電視電源管理 IC，下半年供應過剩，產業及市場大環境變化，大大破壞致新的獲利結構及股價表現。

2022 年筆電及電視產業景氣高峰時，致新公司認為電視市場從 4K 變成 8K、筆電需求會從消費型機種轉至商務型，相關的電源供應器 IC 需求定能大增。致新執迷於此，先前公司估算 2022 年 EPS 目標是 28 元，結果市場變化甚大，產業需求與致新公司本身實績不如預期，EPS 只有 22 元，而且在上半年賺得全年獲利的七成五，如果以下半年獲利推

算，2023 年全年 EPS 可能只有 16、17 元。

市場總會過度反應利空，2022 年 10 月，致新獲利銳減的利空，使得股價曾經跌破 120 元關卡，與獲利相比，本益比相對較低。除此之外，更吸引人買進致新股票的理由，還有誘人的高現金股息。

相對其他公司，致新的股利政策傾向發放現金股息。2021 年致新的年度獲利比上年度成長 107.88％，EPS 為 25.45 元，2022 年股東會通過每股配息 16 元，當時很多法人曾抱怨致新賺多配少，配息不夠豐厚。

2022 年致新 EPS 為 22 元，預期 2023 年股東會可能一樣會配發每股 16 元的現金股息。而前一年度公布配發 16 元現金股息時，致新於 2021 年股價低點約在 130 元到 140 元，同樣的現金股息水準，2022 年第四季的股價最低只有 120 元，相較之下，此時價位就很吸引人。

不過，致新股價於 2023 年 2 月回升到 170 元上下，殖利率雖然還有 8%，但就介入的時機而言，股價向上所帶來的獲利空間相對少一些。就投資角度來看，價差仍舊是買股重要關鍵，投資人要選擇股價尚未大幅波動時進場，風險較低，也可能獲得較高獲利報酬。

另一檔電源管理 IC 股茂達（6138）的故事全然不同。2022 年上半年茂達開始轉向車用電子 IC，當時經營層面對筆電業者如潮的訂單，選擇不交貨，很多筆電廠商不解茂達拒絕原來訂單的行為，怒不可遏，將訂單轉向致新。

致新這幾年營運實績好壞可說是「成也筆電、敗也筆電」，筆電廠商餵了很多急單給致新，但隨著市場需求遽降，筆電廠商以迅雷不及掩耳的速度抽單，訂單忽增忽減，反而讓致新受到重傷。雖然致新是好公司，但訂單來源過於集中某些產業，業績操之在人，自己沒有選擇權，無法分散訂單，不能掌控營運風險。

2022 年上半年茂達選擇少做筆電客戶訂單，但市場給予評價較高，主要是因為茂達未受到筆電市場急速萎縮影響業績，產品庫存水位遠低於上述同行致新。

第三檔電源管理 IC 股來頡（6799）近年打進網通業供應電源管理 IC，2022 年也面臨市況走衰而導致訂單減少的挑戰，但業績下滑幅度不及致新及茂達。供應網通業電源管理 IC 的市場相對筆電等次產業，規模較小，除了德州儀器（Texas Instruments，以下簡稱 TI）之外，來頡是少數攻進此利基市場的台灣業者。對電源管理 IC 業來說，比起電腦及筆電大廠，網通客戶訂單並不算多，而且以前沒能跨入這個次產業，若要耕耘，也必須花費大半年時間拿到客戶認證，過程太麻煩，也不能預測原有電腦及筆電大客戶訂單何時回流，生產量能當然會先留給大客戶。因有上述考量，使得茂達及致新放棄網通這塊利基市場。

2022 年上半年網通業市況很好，相關零組件供不應求，不少網通業像台灣的中磊（5388）、智易（3596）排隊下單給 TI 卻拿不到貨，只好另闢蹊徑，再找其他上游 IC 零組件公司下單，來頡吃下 TI 無力顧及的訂單。2022 年下半年網通市場走下坡，網通業者有了先前經驗，選擇不將 TI 當成單一主力供應商，仍持續維持與來頡的關係，網通業者甚至以來頡為主要供應商，TI 為輔。

以三檔電源管理 IC 股為例，來頡在 2022 年一度跌到 80 元，沒多久就往上拉到 150 元。比較之下，致新股價漲幅相對落後，若將致新比喻成按部就班老實交卷的學生，預料中的正常出題，好學生會考出好成績，若遇到不按牌理出牌的題目，答題內容或許會受影響。

不見得是對客戶百依百順的公司才有好業績、股價才會漲，「會吵的孩子有糖吃」，股票市場也常常如此。就像台積電和聯電，台積電股價表現穩健，聯電在股市表現就不會如此中規中矩，在市場上要選股價飆揚或基本面表現好的個股，投資人要有不同的認知。

解析財報準則：解構 EPS 來源

討論個股三率三升，只在意毛利率、營益率及淨利率表現，卻常忽略業外收入占獲利比重，投資人若只看 EPS 成長就買股票，會摔很重，賠很慘。

有些公司除了靠業外挹注盈餘之外，本業獲利也存有變數，有時候一家公司轉投資樣貌根本看不清楚，也因為有轉投資收入或虧損，以致於估算毛利率、營益率及淨利率的數字差異很大。以下用幾個例子說明如何釐清 EPS 來源，若要擺脫投資門外漢的名號，並且不再陷入以獲利數字來計算的「三率三升」迷思，投資人應該要學會拆解一檔個股的獲利結構。

一、了解獲利結構的入門案例

一家咖啡店若單純賣咖啡，獲利來源計算就是每天賣幾杯咖啡，扣除咖啡豆等材料費用，便可算出毛利。

如果複合咖啡廳兼賣咖啡杯等周邊商品，周邊商品的業績納入店營收，此時需要分析兩種商品的獲利結構，才能了解咖啡廳真實獲利情形。咖啡杯單價雖高、成本也高，換句話說，銷售咖啡杯得來的毛利低，一杯咖啡單價雖然不如杯具，實質毛利卻遠高於周邊商品。

二、房地產類的業外收入不應列入損益

台灣百和（9938）為 Nike 和 Adidas 鞋子及衣服魔鬼氈（輔料黏扣帶）供應商，百和興業 -KY（8404）則是台灣百和旗下子公司，原本是集團在中國大陸的生產基地，同樣也產製及銷售成衣、鞋類的輔料黏扣帶 3C 成品周邊配件，後來還涉足了不動產建築業。

兩間公司可以稱為同一集團的兄弟公司，但兩家公司 EPS 即使差不多，但股價也不會一樣，為什麼呢？百和興業 -KY 公司經營房地產貢獻公司獲利，但房地產收入一筆入帳或分期計入的方式，有其行業特殊會計原則，更與本業成

衣及運動鞋的周邊配件的毛利率算法完全不同。一家公司多角化經營原本是好事，可是涉入的行業天南地北，即使投資人認真看財報，也很難掌握或分析其獲利來源與結構，我認為投資人應該謹慎看待這樣的個股，我更建議投資人與其注意跨足房地產的公司何時有大筆業外收入，還不如直接買營建股。

業外收入應列進財報資產負債的淨值

再以輪胎大廠建大（2106）為例，該公司想要開發中國大陸深圳原有的工廠用地，不少投資人得知此消息，開始預測開發案將貢獻建大的獲利，可以為建大增加 5 元到 6 元的 EPS。可惜這只是一次性收入，放完煙火戛然而止，後面沒戲可唱，這種業外獲利根本不能列進財報損益表，必須視為資產負債表內的「淨值」項。淨值增加，相對應股價淨值比（Price-book ratio）就會有變動。

股價淨值比能算出公司股價是淨值的多少倍，倍數越高，表示投資人就要付出更多倍的價格來買公司的資產。一般而言，股價淨值比小於 1，股價可能處於相對低點，潛在報酬會越高，通常適用於控股公司或景氣循環股。至於成長型股票，多半看本益比（Price-to-Earning ratio）表現。

股票淨值比與本益比的參考原則

以資產股來做說明。將公司資產拿來當作題材，就是股市所稱的資產股。其特色是一家成立許久，公司旗下資產沒有經過評估、再鑑價，經過很多年後，資產潛在價值翻倍成長。

潛在資產價值如何估算呢？可以先看這塊土地是否毗鄰重大開發案或公共建設，便可以概略算一下這塊土地資產能不能擔當「原汁雞湯」之名。例如桃園工業區附近正好有官方規畫興建快速道路等基礎建設，位置交通便捷且有開發價值的土地，自然炙手可熱。

早些年有的公司為了尋求低工資或新市場，將工廠外移到中國或越南，空置了原本台灣廠區的部分土地，隨著台灣房地產市場成長，土地價值水漲船高，但資產潛在價值浮現後，仍然得看個股的股價是否為近3年相對低點。股價被炒高的資產股，如同一碗雞湯只剩湯沒有肉，投資人從中獲取的利潤相對變薄。

操作資產股要有股價淨值比的概念，而非以本益比看待。投資人可以用股價淨值比買進資產股，當市場喊出不合理本益比時，便要賣掉這檔資產股。

在此歸納看財報選股的簡單原則，若一檔個股獲利純粹是本業收益，看其本益比；相較之下，一檔個股獲利靠業外獲利挹注時，就得參考股價淨值比。

暖神凱哥小學堂

金融股算資產股嗎？營建股呢？

保險業握有不少土地資產，卻不能視為資產股，原因在於金融保險業的資產大多數已經過評價，並非「原汁雞湯」。金融保險業購入資產時必定有鑑價過程，資產價值貼近市價，與一般持有土地的資產股完全不同。

擁有大筆土地的營建股有時候也能視為資產股，但要比氣長，有足夠的本錢長期養地，才能等到倍數報酬挹注獲利。例如，一家營建公司當初購入土地價格很低，而且一路抱著土地不賣，這家營建公司長時間持有的土地價值可以貢獻兩、三個股本，以致於 EPS 大幅增長，這樣就算是具有資產股特性。

假設一檔營建股因為土地資產淨值可以加上 20、30 元，投資人便可用股價淨值比依據來考慮買進這檔股票，若算出合理股價 40 元，但市價只有 17 元，那麼這檔營建股當然可以買進。

不過，營建公司每買一塊地，都會預想三、五年後開發計畫，有的公司是一塊土地開發完畢後，立即再獵地。營建公司可以比喻成廚師，廚師不會買一堆食材囤到過期，多數大廚都會等食材用完後才繼續買，食材做成美味佳餚便端給客人享用；就像大部分營建公司不會囤太多地，等處理完一個建案後，才會再慢慢找下一個潛力開發區塊的土地。

三、業外的財務投資踩雷而影響獲利

相對業外收入，有些公司操作金融商品造成業外虧損，甚至影響獲利，投資人也該張大眼睛注意檢視。

不少中小型公司一年獲利不過數億元，假如財務投資誤踩地雷，虧損吃掉原來的獲利，EPS 減少，股價及本益比都會下修，影響甚大。

國內上市櫃公司以自有資金投資金融商品情況甚為普遍，卻不時傳出公司財務投資踩雷的消息，即使是「三率三升」的好公司也有可能投資失利。

例如，2023年的華人農曆春節假期之後，澳豐金融集團（Ayers Alliance Financial Group）於2月16日發信給客戶，通知暫停贖回、延遲匯款。澳豐相關基金在台灣銷售逾10年、並以年報酬穩達8%為行銷訴求，不少台灣上市櫃公司是其法人客戶。

台灣的寶齡富錦、台端（3432）公司陸續發布重大訊息，其中寶齡富錦投資澳豐基金失利，財報認列金融資產損失9,975.1萬元，讓每股盈餘減少1.16元。2022年第四季轉為虧損，每股虧損1.12元，2022年全年度每股盈餘縮減至2.13元。

台端旗下投資多年的澳豐金融集團四檔基金因難以贖回，評估後認為應於去年度財報「其他利益及損失」項目全數提列損失，估計損失金額為 16.82 億元，導致全年每股淨損 17.57 元。每股淨值從 2021 年的 23.91 元降低至 2022 年底的 6.65 元。

上市櫃公司以財務操作為公司避險或增加收入，並不是件稀奇的事，但令投資市場擔心的是公司一心只想膨脹獲利，過度美化資產報表，以致於急切投入坊間訴求高獲利但實質波動甚大的金融商品，甚至有部分公司利用多層架構的轉投資海外子公司炒作金融商品，不幸投資失當踩雷。就像上述所說的寶齡富錦及台端，不但危及公司營運，更影響投資人權益。

觀察三率變化找出靠本業賺錢的個股

體檢財報是投資股票的重要功課，要想解構獲利來自本業或業外，研究三個季度的財報以及細究公司財務操作跟子公司獲利，這是最基本的作業。進階課程則是要持續關注四個季度（1 年），甚至 2、3 年的三率變化，才能挑到值得投資的好股票。

一般說來，靠本業賺錢的公司，其業績漸次成長，但短期內淨利率不會有太多成長，營益率也可能持平。靠本業賺錢的公司也許獲利表現一直很「平淡」，只看 EPS 的投資人很有可能就會錯過這種好股。同樣地，當**一家公司獲利靠業外賺錢挹注時，淨利率數字會比較好，營益率相對不好，**只看獲利數字的投資人則比較容易受到魅惑而買進。

四、非典型業外收入：聯電轉投資聯家軍

有些公司如聯電轉投資不少公司，市場上統稱由聯電母雞孵育的小雞為「聯家軍」。聯電的獲利結構因此比較複雜，其對聯家軍的投資，在財報裡面本就列為業外收入，可是這些業外獲利又都是按季度或年度入帳的經常性收入，並非一般公司處分股票或金融商品的一次性業外獲利，我們無法用毛利率或本業與業外獲利占比結構來分析聯電財報。一般而言，集團母公司對小雞的投資收益，其實是一種「概括性本

業」的獲利型式，不能算是處分股票的業外收入。

集團母公司轉投資子公司的經常性獲利，可以視為「本業再延伸」。聯電從聯發科及聯詠持股中的帳上獲利及股息收益，年年都有，不會中斷，與一般公司賣土地或股票的一次性業外收入有所差異。投資人檢視財務報表時，應依企業不同而有分別，類似聯電這樣的案例，轉投資公司收益應該可以歸類為本業收入。

稅後淨利，才是實打實的獲利數字

傳統產業 EPS、電子業 EPS 跟電子業中較有前景的次產業的 EPS 數字，是不能放在同一天秤上較量。而且觀察一家公司獲利情形，不要看稅前盈餘而要注意稅後淨利，電子業享有政府賦稅優惠，如果傳產業 EPS 跟電子業差不多，或者更高，這檔傳產股的獲利能力甚有可能優於一般電子股。

老實說，台灣市場中能夠走過 3 年大成長的公司不多，主要是所屬產業本身沒有那麼好，大部分公司都很難跳脫一次又一次景氣循環。最典型的景氣循環股像是傳產鋼鐵、塑化業，或者因為重大事件而突然市場大好的產業，像是俄烏戰後重建需求的水泥業，產業循環可能更短。一般來說，很多產業的每一次循環時間可能幾個月、1 年、2 年，而三率三升的 3 個月數字，代表全年 12 個月的中間或後面一段。拿三率三升來選股，並無法窺探一檔個股全貌。

坊間部分投顧老師拿出個股 EPS 或三率三升等數據預估未來，舌燦蓮花推薦個股，卻沒跟股民提醒這些個股所屬產業已達景氣高峰，投資人誤信老師明牌勇敢買進，真是讓人看了膽戰心驚。所謂投顧老師或良莠不齊的素人專家隨便帶風向喊進喊出個股，投資人只要一跟進，就變成待收割的韭菜，證券監理機關沒有嚴格把關，實在遺憾。

暖｜神｜凱｜哥｜小｜學｜堂

三率三升適合用來篩選未來三、五年內的潛力產業嗎？

以三率三升指標加上 3 年股價相對低點兩條件來篩選個股，基本上不會有太多個股符合條件，選出來後，還要配合股本看看個股成交量。即使是中小型股本公司日均量 200、300 張，投資人也有可能因為股票籌碼流通問題，而會有套牢風險。

有些產業以三率三升指標衡量意義不大，像是鋼鐵、塑化、水泥，這三類產業景氣本身就屬循環波動。不過，**三率三升指標適合拿來篩選趨勢剛上來的產業**，風力發電、電動車、AI 智能，從初期、到蓬勃發展，趨勢一上來，產業發展看好，樂觀前景可能不只 3 年，甚至會到 5 年。

舉中興電為例，2014 年到 2019 年的股價都在 20 元上下，但到 2022 年下半年，股價開始發動攻勢，到 2023 年 2 月，中興電股價漲到 80 多元。中興電是 1956 年創立的老公司，以製造發電機起家，近年設立新能源事業群，正好趕上政府鼓勵綠能發展政策，使中興電股價逐漸上揚。

台灣輸配電線路老舊，饋線、儲能設備都需要升級。中興電新事業推出智慧型電網解決方案，投入太陽能、風力輸配電領域，新能源事業業績看好，中興電就有被列入三率三升股的本錢。

但中興電的業績還有一部分來自嘟嘟房停車設備及管理收入，就前面所提獲利來自本業才是扎實的三率三升股，中興電似乎不符合這個原則。不過，「風口上的豬也會飛」，有時候不能太執著小枝節，大勢所趨，必須隨風而上，才能有波段獲利。

可能還是有人不放心中興電新能源事業在公司營益率、毛利及淨利占比，要去除疑慮，可以拿掉嘟嘟房的獲利、營收與毛利、淨利，再檢視是否中興電是否還能維持三率三升條件，若符合，中興電應該可以算是瑕不掩瑜，也能列入三率三升股名單。

暖｜神｜凱｜哥｜小｜學｜堂

能將 IPO 股放上三率三升原則秤量嗎？

通常IPO新股度過掛牌蜜月期後，股價不免下跌，市場對 IPO 多有疑慮。首先，過去有些公司在掛牌前美化財報，要讓人放下對新掛牌公司的戒心，因此必須經過約 3 個月到半年觀察，比較上市前後幾季度財報，才能確定新股是否符合三率三升條件。其次，新股掛牌募資增加股本，市場籌碼也亂，需要一段時間整理，如果以三率三升條件來看新掛牌股的財報，結果會失真。最好是掛牌半年以後再來看看是否符合三率三升條件，如此才能貼近這檔股票獲利結構原貌。

在此強調，即使是站在風口上的明星產業，例如風力發電、電動車和 AI 公司申請新掛牌，投資人還是要冷靜審視上市半年後的財報，才能確定是否真為三率三升優質股。

9-2 鎖定產業趨勢，找出潛力股

有些公司很專精做一樣產品，可惜常常需要等待時機成熟，才能開始發光發亮。台光電（2383）就是一例，公司專注製造無鹵素層壓板、銅箔基板，產品受到認可，甚至變成市場規格。

早期無鹵素材料價格相對較貴，一般業者不太用無鹵素銅箔基板，但是在綠色環保趨勢下，市場對此需求大增，台光電鑽研許久的銅箔基板產品終於成功。

再舉智邦（2345）為例，1995 年上市以來，股價最差時跌到 17 元附近，2023 年 3 月 31 日收盤價 312 元。多年前智邦看中高速傳輸乙太網路交換器，現在大數據及資料中心都必須用到這項產品。智邦多年投入研發製造心血，至今在台灣已無人能敵，股價也反映出成果。

另一家上櫃公司台半（5425）也鑽研車用電子二極體單

一產品，相對其他電子科技產品，二極體技術含量雖較低，但轉至電動車充電樁所需二極體，趕上產業潮流。台半多年來專注守在二極體領域，終於交出成績，2020 年股價還不到 40 元，2023 年 3 月 31 日股價卻能以 104 元作收。朋程（8255）也同樣專注單一產品，並從燃油車的 IGBT（絕緣柵雙極電晶體），轉做電動車的 IGBT，多年磨一劍，終於磨出成果。

一般人要能慧眼識英雄，提前找到像上列這類專心投入單一產品的潛力股，並不容易。從前瞻性角度看，個別公司投注的單一產品市場是否有大的趨動力？電動車大廠特斯拉股價深具爆發力，主要是特斯拉用創新技術製造汽車，用鋁合金取代燃油車傳統金屬材料打造車體外殼，走上不同以往的造車之路。

特斯拉的創新之路，有家生產扣件的台灣廠商恒耀決定追隨。恒耀於 1985 年設立，一直專注提升本業扣件製造，從傳統扣件到複合金扣件，研發創新生產鋁複合金扣件，供電動車所用。電動車的車體要輕，鋁是必要元素，但不能全然是鋁，因為要考慮到強度。這條創新之路雜音很多，特斯拉造車技術到底可不可行？特斯拉是以模組概念造車，模組化可能不牢靠，不過別忘了，蘋果也是模組化生產的大贏家。蘋果手機壞掉，通常不會送回原廠，只要更替零件，修理時間更只要 1、2 小時即可，特斯拉現在也正在做模組化。

特斯拉改變造車設計 layout，Model Y 的後車體從 70 幾個零組件，變成 3 到 4 個零組件，製造速度加快，也降低成本。從一開始，特斯拉生產電動車，恒耀便是三家重要供應商之一，到了 Model Y，恒耀成為唯一供應商，而未來 Model 3 製程改為跟 Model Y 一樣，恒耀百分之百也會是供應商。

2023 年特斯拉預估增加電動車產量 50%，兩款重點車型 Model Y 及 Model 3 是主要銷售車款，身為電動車供應鏈重要廠商，恒耀理所當然是受惠者。

找到好股票其實不難，首先要確認產業大趨勢，明確之後，找到標的股，就持續觀察這檔個股財務報表。萬一看走眼，買錯股，還可以用淨值比、價量結構邏輯檢視個股，決定該檔個股在個人持股組合裡的去留。

後　記

人會欺騙背叛，大數據會說實話

台股市場投資人追逐股票明牌蔚為風潮，歷久不衰，不論那一個世代，都有號稱帶領投資人賺大錢的投顧老師冒出頭，透過各種管道推薦個股。有時候，股民覺得投顧老師說的內容非常吸引人，恰巧明牌也有短線飆漲行情，殊不知老師們講述的利多訊息大部分來自上市櫃公司，公司派把基本面講得天花亂墜，很多老師們被騙得團團轉，推薦個股的當下並無存心欺瞞股民的惡意。當然也有不少老師喊多叫進是為自己解套，使得一些誤信老師明牌的股民淪為主力、作手收割的韭菜，最是可憐。

法說會也難以全面洞悉個股基本面

大部分上市櫃公司定期舉行法人說明會，另外還可能讓研究員到公司或工廠參訪，過程中，上市櫃公司發言人或財務、行銷主管大概都會照本宣科講講公司營收、獲利與占比較大的業務發展現況，法人也會請公司展望所屬產業前景。老實說，公司營運高層在這些場合都是行禮如儀，以常理來看，公司發言系統不可能講自己的罩門與缺點，報喜不報憂一點也不奇怪，拜訪公司不見得有助於了解產業及個股基本面。

我常有機會與中堅產業的老闆見面，與對方一席深談後，產業未來及公司營運方向的輪廓就越發鮮明。我必須說句公道話，絕大部分老闆都不會刻意隱瞞基本面訊息，聽者自己要思考並研究這些公司有無競爭力、是否有「價值創新」，如此才能判斷訊息內容可信度，不輕易人云亦云。若是因此買錯股票上錯車，往後投資台股之路，定會被欺瞞背叛情緒糾纏，影響買賣判斷。

以嘉澤為例，說明一家公司擁有「價值創新」作法，確實能讓他們在產業競爭中脫穎而出。嘉澤所屬的電子零組件連接器次產業，常被歸類為「傳統電子業」，若沒有加上創新研發，這個族群的基本面不致於有令人驚豔的表現，要在同業中鶴立雞群，關鍵點是公司做了那些突破的努力。本書第 7 章探討長短電網觀念時提過嘉澤，其生產的連接器使用於中央處理器（CPU）的插座接頭（socket）上面，技術門檻較高，同業除了鴻海之外，沒有實力相當的競爭對手。

2022 年為止，嘉澤資本額 10.7 億元，鴻海資本額 1,386.31 億元。試想，嘉澤公司的規模在鴻海集團裡只能算是一個小部門，可是從獲利基本面來看，鴻海的每股盈餘因股本龐大而被稀釋，嘉澤股本小，創造比較高的 EPS，在投資市場上，嘉澤當然比較容易受到注意。

靠人人跑，靠大數據最好

人難免會因為情勢所逼，主動或被動地出現欺騙行為，相較之下，沒有人為環境干擾的大數據，卻很誠實。我常從軟體系統數據中，解析個別公司的股權與籌碼結構，一檔個股值不值得買進，大數據會告訴你。若有 600 張以上的大戶減碼，這檔個股就需要特別警戒，籌碼變動的背後，可能隱藏各方人馬爾虞我詐的計算安排。投信法人減碼一檔個股，導致持股 600 張以上的大戶比率下降，但此刻還不能斷定該股走勢已經休止。這裡必須觀察的重點是，投信賣股後有無明顯買盤，假使地緣券商接手，代表公司派仍然收進籌碼，個股行情應該還沒有結束。

另外，我想提醒投資人一定要留意公司的獲利結構是否改變、毛利率是否往下走。要往前一季或兩季檢視毛利率，儘管這些數字算是落後指標，但某程度仍代表個股的基本面趨勢。

透過系統內的大數據比對個股股權及籌碼結構比率，配合股票型態，便能掌握選股方向、買對股票，這是本書的核心觀念。投資人看盤時尤其不能輕忽「股票型態」變化，如果個股走空頭型態，法人及大戶籌碼也鬆動，就須警惕，此回可能挑錯股票。

現在大家都流行用大數據檢視股票，有其道理，畢竟台股市場 2000 多檔股票，有可能以人為方式，徒手記錄股價，算出均價嗎？人腦做不到的事，透過大數據精算，卻能得到正確的股票型態與籌碼訊息。還記得有支懷舊廣告片，內容強調花生湯裡的「土豆仁」都經電腦揀選，難道選股不如選花生嗎？挑股票一事，應該比挑花生更有價值，不是嗎？為何不讓大數據資料幫助你投資股票呢？

大數據也能避免人為疏失，投信公司獲准成立後的 30 多年來，基金經理人踩到地雷股或舞弊案件層出不窮，我認為，根本的問題在於投信公司研究部門與操盤團隊太依賴人為判斷買賣持股。如果投信法人以大數據決定股票投資組合，應不致於買到毛利率降低、獲利不佳，或者籌碼和股權結構不安定、型態不對的股票，還能發揮風險控制的效益。如此，台股就能走出有人就有欺騙及弊端的惡性循環，讓市場往正向發展，這也是投資大眾所期盼的投資環境。

國家圖書館出版品預行編目 (CIP) 資料

國家級基金操盤手選股教戰手冊：從基本面到大數據，暖神凱哥帶你避開投資魔障，建立長線布局、短線飆股都適用的操作思維 / 黃豐凱著 . -- 初版 . -- 臺北市 : 今周刊出版社股份有限公司 , 2023.11

面； 公分 . -- (投資贏家 ; 76)

ISBN 978-626-7266-43-4 (平裝)

1.CST: 股票投資 2.CST: 投資技術 3.CST: 投資分析

563.53 112017139

投資贏家系列 076

國家級基金操盤手選股教戰手冊

從基本面到大數據，暖神凱哥帶你避開投資魔障，建立長線布局、短線飆股都適用的操作思維

作　　者　黃豐凱
總 編 輯　許訓彰
資深主編　李志威
責任編輯　吳昕儒
封面設計　FE設計
內文排版　簡單瑛設
校　　對　李志威、許訓彰

行銷經理　胡弘一
企畫主任　朱安棋
行銷企畫　林律涵、林苡蓁
印　　務　詹夏深

發 行 人　梁永煌
社　　長　謝春滿

出 版 者　今周刊出版社股份有限公司
地　　址　台北市中山區南京東路一段96號8樓
電　　話　886-2-2581-6196
傳　　真　886-2-2531-6438
讀者專線　886-2-2581-6196轉1
劃撥帳號　19865054
戶　　名　今周刊出版社股份有限公司
網　　址　http://www.businesstoday.com.tw

總 經 銷　大和書報股份有限公司
製版印刷　緯峰印刷股份有限公司
初版一刷　2023年11月
初版四刷　2024年9月
定　　價　380元

免費使用黃金K APP 開通序號

請以硬幣刮除銀漆

序號

開通後**可免費使用30天**

開通教學：

https://goldenk.my-galaxy.com.tw/promo_code.html